# Super GRAINS

## Quinoa, Chia und Co.

Dagmar Reichel

# Super GRAINS

## Quinoa, Chia und Co.

45 REZEPTE – FRÜHSTÜCK,
SNACKS & WARME GERICHTE

EIN BUCH DER
EDITION MICHAEL FISCHER

# Inhalt

Haferfladen, S. 14

Quinoa-Mohn-Pancakes, S. 22

Karamell-Cookies, S. 50

Bunter Wildreissalat, S. 56

Hirse-Mais-Aufstrich, S. 74

Gefüllte Paprika, S. 78

Herzhafter Crumble, S. 100

Quinoa-Burger, S. 104

Schokowaffeln, S. 126

Avocado-Käse-Kuchen, S. 134

## WARMES AUS PFANNE, TOPF UND OFEN 76

## BACKEN – BROTE UND KUCHEN 112

# Vorwort

Ab jetzt nur noch Super…!

Egal ob Superfood oder Supergrains – wer heutzutage etwas werden will, muss „super" sein. Dabei ist die Sache mit den Supergrains genau genommen ein alter Hut. Ein uralter und ein toller dazu, nur eben mit neuem Namen! Denn schon unsere Omas und Uromas wussten um die Benefits unserer vielfältigen Körner- und Getreidesorten. Und genau diese bunte Palette an gesunden, teils mehr, teils weniger bekannten Getreidesorten wollen wir dir hier vorstellen. Um ein wenig Licht ins Dunkel zu bringen. Um dir zu zeigen, woher die verschiedenen Sorten kommen, was man damit macht und wie du sie am besten und leckersten zubereiten kannst. Schließlich ist Essen die natürlichste Sache der Welt, die einfachste Sache dazu, warum also muss alles noch mal „Extra…" und „Super…" sein?

Wer sich bisher nur von Reis und Weizen ernährt hat und nach Alternativen sucht, wird hier fündig werden. Die Suche nach Variationen, nach dem Mehr, wird nicht zwingend durch Allergien oder Unverträglichkeiten ausgelöst. Sie erweitert unseren Horizont, tut Körper und Seele gut und schenkt uns einen bunten Korb an Lebensmitteln. Die Abwechslung auf unseren Tellern macht das Leben reicher und gibt uns und unserem Körper zusätzlich Power.

In diesem Buch findest du gesunde, abwechslungsreiche Rezepte für jede Tages- und Jahreszeit: Das morgendliche Toastbrot bekommt Konkurrenz; wer gern snackt, findet sowohl Süßes als auch Herzhaftes, zubereitet aus unseren Superkörnern; für die Hauptmahlzeiten bieten wir „Warmes aus Pfanne, Topf und Ofen" an, und zu guter Letzt wird gebacken, was die Körner hergeben: Wir bringen Neues in den Brotkorb und auf den Kuchenteller.

Wer Fragen hat zu Amarant, Chia und Co., der liest sich am besten durch die eingestreuten Lese-Info-Inseln im Buch – wir haben jedem Körnchen in alphabetischer Reihenfolge seine eigenen Seiten gegönnt und lassen (hoffentlich) keine Frage offen… Die allerletzten Wissenslücken werden dann im Glossar ganz hinten im Buch geschlossen. Ende gut, alles super!

# ✦✦✦ FRÜHSTÜCK ✦✦✦

# Avocadomus

## auf cremigem Amarant

---

 **ZUBEREITUNG:** 45 Min.  |   **FÜR 2 PERSONEN**

---

**ZUTATEN**

90 g Amarant
250 ml Kokosmilch
1 EL Vanillezucker
½ TL gemahlener Zimt

gemahlene Kurkuma
1 Avocado
1 Banane
1 EL Limettensaft

100 g Beeren, nach Belieben
3 EL Kokoschips

---

**1.** Den Amarant in einem Sieb kalt abbrausen, abtropfen lassen und mit 200 ml Kokosmilch, Vanillezucker, Zimt und 1 Prise Kurkuma in einem Topf aufkochen. Zugedeckt bei niedriger Hitze ungefähr 30 Minuten köcheln lassen, vom Herd nehmen und weitere 10 Minuten ausquellen lassen.

**2.** Inzwischen die Avocado halbieren, den Stein entfernen und das Fruchtfleisch aus der Schale lösen. Die Banane schälen und eine Hälfte mit der Avocado mit einer Gabel zu Mus zerdrücken, mit Limettensaft und der restlichen Kokosmilch mischen. Die zweite Hälfte der Banane in Scheiben schneiden. Die Beeren waschen, putzen, große Beeren eventuell in Stücke oder Scheiben schneiden. Die Kokoschips nach Belieben in einer Pfanne ohne Fett rösten, bis sie duften.

**3.** Den gegarten Amarant auf zwei Schalen verteilen, mit Avocadocreme, Bananenscheiben und Beeren garnieren und mit den Kokoschips bestreuen.

**MÜSLIVARIANTE**

Eine leckere Müslimischung mit Amarant für deinen Vorrat kannst du so zaubern: Je 100 g Dinkel- und Haferflocken mit 50 g Amarant-Pops und 50 g in der Pfanne angeröstetem Buchweizen mischen. 100 g getrocknete Aprikosen, grob gehackt, mit jeweils 20 g Mandelblättchen, Kakao-Nibs und Kokoschips untermischen und noch nach Belieben mit ½ TL gemahlenem Zimt würzen. Ergibt 12–15 Portionen.

# Hirse-Porridge

## mit Konfettisalat

---

 **ZUBEREITUNG:** 30 Min.  |   **FÜR 4 PERSONEN**

**ZUTATEN**

150 g Hirse
200 ml Apfelsaft
500 ml Mandeldrink

2 Birnen
½ Granatapfel
1 Stängel Minze

1 EL Ahornsirup
2 EL Mandeln

---

1. Die Hirse in einem Sieb kalt abbrausen, mit Apfelsaft und Mandeldrink aufkochen und bei niedriger Hitze zugedeckt etwa 10 Minuten
   köcheln lassen. Dann die Herdplatte ausschalten und die Hirse
   weitere 10 Minuten quellen lassen.

2. Inzwischen die Birnen waschen, vierteln, vom Kerngehäuse befreien
   und in kleine Würfel schneiden. Die Granatapfelhälfte mit der Schnitt-
   fläche nach unten über eine Schüssel halten und mit einem Kochlöffel
   daraufschlagen, damit die Kerne sich lockern. Dann die Kerne vorsichtig von Hand auslösen, dabei die weißen Trennhäute entfernen. Die
   Minze waschen, trocken schütteln und die Blättchen in feine Streifen
   schneiden. Die Granatapfelkerne mit den Birnenstücken mischen, Minze
   und den Ahornsirup unterrühren. Die Mandeln grob hacken.

3. Die Hirse auf vier Schüsseln verteilen und den Birnensalat daraufgeben. Mit den Mandeln bestreut servieren.

# Haferfladen
## mit Blaubeer-Käse-Creme

---

 **ZUBEREITUNG:** 20 Min.  |  🍴 **FÜR CA. 8 STÜCK**

---

**ZUTATEN**

1 Möhre
100 g Quark
60 g feine Haferflocken
200 g Dinkelmehl
  (Type 1050)

1 TL Weinstein-Backpulver
2 EL Olivenöl
50 g Blaubeeren
40 g Camembert
3 EL Frischkäse

1 TL Honig, nach Belieben
100 g Frühstücksspeck
  oder roher Schinken
Salz
Pfeffer, frisch gemahlen

---

1. Den Backofen auf 220 °C vorheizen und ein Backblech mit Backpapier belegen. Die Möhre schälen und sehr fein reiben. Mit dem Quark, 50 g Haferflocken, Mehl, Backpulver, 100 ml Wasser, 1 EL Öl und ½ TL Salz in einer Schüssel mischen und zu einem glatten Teig verkneten.

2. Mit einem Esslöffel den Teig in Häufchen auf das Blech setzen, leicht flach drücken und mit dem restlichen Öl bestreichen. Die Fladen mit den übrigen Haferflocken bestreuen und im heißen Ofen (Mitte) etwa 10 Minuten goldbraun backen.

3. Für den Belag die Blaubeeren verlesen und waschen, den Camembert fein würfeln. Camembert und Blaubeeren unter den Frischkäse rühren, dabei die Beeren leicht zerdrücken. Nach Belieben Honig darübergeben und mit Salz und Pfeffer würzen. Den Speck in einer Pfanne ohne Fett kross braten bzw. den Schinken pur mit der Käsecreme zu den Fladen genießen.

# Gelb-rote Overnight-Oats

## mit Mango und Berberitzen

 **ZUBEREITUNG:** 10 Min. + über Nacht ziehen lassen  |   **FÜR 2 PERSONEN**

---

**ZUTATEN**
| | | |
|---|---|---|
| 1 Mango | 2 EL Goldleinsamen | 2 EL getrocknete Berberitzen |
| 80 g Haferflocken | 2 EL Mohnsamen | (ersatzweise Cranberrys) |
| ¼ TL Kardamom | 200 ml Haferdrink | |

---

1. Die Mango schälen. Das Fruchtfleisch vom Stein schneiden und grob würfeln. Die Haferflocken mit Kardamom und den Samen mischen.

2. Die Haferflockenmischung auf zwei Schüsseln bzw. Schraubgläser aufteilen und jeweils mit der Hälfte des Haferdrinks übergießen. Die Mangostücke darauf verteilen und die Berberitzen darüberstreuen. Über Nacht im Kühlschrank ziehen lassen.

**GUT ZU WISSEN**

Im Schlaf zubereiten – ja das geht! Die Overnights ziehen über Nacht im Kühlschrank, und das Müsli ist ohne Zeitaufwand am Morgen genussbereit. Zum Einweichen eignen sich als Flüssigkeit für die Oats Milch(-produkte), Getreide- und Nussdrinks sowie Säfte und Smoothies.

**DUNKLE VARIANTE**

Wer es morgens schokoladig liebt, sollte unbedingt diese Version der Overnight-Oats testen: Pro Person 40 g Haferflocken mit 1 EL Kakaopulver und 2 EL Kokosraspeln mischen, dann 100 ml Mandelmilch darübergießen. 1 kleine Banane schälen, mit einer Gabel zerdrücken. Banane, 2 EL Joghurt und 1 Prise gemahlene Kurkuma auf die Haferflocken geben und alles über Nacht im Kühlschrank ziehen lassen. Vor dem Verzehr mit 1 EL Kakao-Nibs bestreuen.

# Amarant

## Amaranthus spp.

gehört zur Familie der **FUCHSSCHWANZGEWÄCHSE** – zählt zu den Pseudogetreiden | **GESCHMACK:** fein-nussig, kräftig, leicht bitter und erdig | 🌾 **GLUTENFREI**

 **HERKUNFT UND ANBAU**

❧ ursprünglich aus Südamerika, bei uns als leuchtend rot und orange blühendes Gartengewächs bekannt

❧ landwirtschaftlicher Anbau allgemein in Süd- und Mittelamerika und Mitteleuropa, speziell in Deutschland am Oberrhein

## 🧤 Tolles Korn

Amarant ist das Powerkorn schlechthin! Die Inkas nannten es ihr „heiliges Wunderkorn" und heutzutage wird es wiederentdeckt. Allein sein Name sagt schon alles über dieses Körnchen, kleiner als ein Senfkorn: „amáranthos" kommt aus dem Griechischen und bedeutet „nicht welkend, unsterblich".

Als eine der ältesten Nutz- und Kulturpflanzen überhaupt ist Amarant in vielen Ländern der Welt Grundnahrungsmittel. Egal ob süß oder herzhaft, er ist vielseitig einsetzbar und mit seinem Reichtum an Nähr- und Vitalstoffen im Vergleich zu anderen Getreidesorten oft unschlagbar. Amarant hat einen geringeren Kohlenhydratanteil, aber deutlich mehr Ballaststoffe als die „richtigen" Getreidesorten. Zudem ist er reich an ungesättigten Fettsäuren und enthält eine ausgewogene Mischung aller Aminosäuren, was einen hohen Eiweißgehalt mit großer biologischer Wertigkeit bedeutet – besonders wichtig für Veganer und Vegetarier, die Eiweißquellen abseits von Fleisch & Co. finden müssen. Und obendrein strotzt der Amarant vor Mineralstoffen und Spurenelementen – ein wirkliches Powerkorn also!

##  AUF DEN TELLERN DER WELT

❧ Torta de amaranta (Fladen aus Amarantmehl, Bolivien)
❧ Gefülltes Gemüse mit Amarant (beispielsweise Zwiebeln, Südamerika)
❧ allgemein als Beilage, in Suppen, in Aufläufen, als Bratling, für Füllungen, als Salatgrundlage oder als Risotto

# Körner und ihre Verwendung

Pops, Mehl, ganze Körner, Sprossen – in diesen Formen kennen die meisten von uns Amarant:

> Pops – gepuffter Amarant schmeckt als Zutat in Gebackenem wie auch in Müslimischungen oder Bratlingen. Wer sich selbst an die Herstellung von Pops machen möchte, sollte ein wenig Übung und eine heiße Pfanne haben, dann gelingen die Pops leicht.

> Mehl – in Reformhäusern, Bio-Läden und großen Supermärkten findest du Amarantmehl. Wer eine Getreidemühle oder einen Hochleistungsmixer besitzt, kann sein Mehl auch problemlos selbst mahlen. Amarantmehl kannst du wegen seines starken Eigengeschmacks gut für Brot, Quiche, Pizza und kräftige süße Backwaren verwenden. Besonders empfehlenswert ist es, Amarantmehl mit anderen Mehlen zu mischen – es macht dein Gebackenes süßlicher und feuchter und hält es somit länger frisch.

> Ganze Körner – die ganzen Körnchen schmecken gut als Frühstücksbrei oder klassische Beilage zu Fleisch oder Fisch. Vor dem Kochen in der doppelten Menge Flüssigkeit solltest du den Amarant gründlich unter fließendem heißem Wasser abspülen, um einen Großteil der Bitterstoffe herauszuwaschen.

> Sprossen – in den kleinen feinen Sprossen steckt so viel Kraft und Energie, dass sich das Sprossengärtnern (siehe Seite 121) wirklich lohnt. Im Keimling potenzieren sich die guten Nähr- und Vitalstoffe um ein Vielfaches und machen die Sprossen zu Mini-Power-Gesundheitsbömbchen, die jeden Salat, jedes Butterbrot und jede Suppe aufwerten.

 **WIE INTERESSANT**

Die jungen Blätter der Amarantpflanze kann man wie Spinat zubereiten, sie schmecken zart und lecker.

## WISSENSECKE

Amarant ist eines der drei sogenannten Pseudogetreide. Diese Körner bzw. Samen gehören botanisch gesehen zu einer anderen Pflanzenart, also nicht zu den Süßgräsern (= Poaceae), zu denen alle „echten" Getreidesorten zählen. Im Gegensatz zu Getreide sind die Pseudogetreide frei vom Klebereiweiß Gluten, das bei Zöliakieerkrankten schwere Entzündungen im Darm hervorruft. Wer unter Zöliakie leidet, muss daher Weizen, Dinkel, Gerste, Roggen und verwandte Arten meiden, darf aber die Pseudogetreide bedenkenlos essen. Neben Amarant zählen Buchweizen und Quinoa zu den Pseudogetreiden. Sie werden wie herkömmliches Getreide verwendet.

# Baked Oatmeal

## mit Nüssen und Mandeln

---

 **ZUBEREITUNG:** 10 Min. + 40 Min. Backzeit | ¶¶ **FÜR 4 PERSONEN**

---

**ZUTATEN**

| | | |
|---|---|---|
| 1 Apfel | 4 EL gehackte Walnusskerne | 3 EL gehackte dunkle |
| 2 EL Butter | 2–3 EL Ahornsirup | Schokolade |
| 150 g Haferflocken | 400 ml Milch | Salz |
| 4 EL gehackte Mandeln | gemahlener Zimt | |

---

1. Den Backofen auf 200 °C vorheizen und eine Auflaufform (17 cm Ø) einfetten. Den Apfel waschen, das Kerngehäuse mit einem Entkerner ausstechen und den Apfel in Scheiben schneiden. Diese auf den Boden der Form geben.

2. Die Butter in einem Topf zerlassen. Die Haferflocken mit Mandeln und Nüssen mischen und auf die Apfelscheiben geben. Ahornsirup mit Milch, 2 EL von der zerlassenen Butter und 1 Prise Zimt mischen und über die Flocken-Nuss-Mischung gießen, vorsichtig rütteln, damit die Flüssigkeit sich gut verteilt. Mit den Schokostückchen bestreuen. Das Oatmeal im heißen Ofen (Mitte) 30–40 Minuten backen, bis es goldgelb ist, etwas abkühlen lassen und mit der restlichen Butter beträufeln.

# Quinoa-Mohn-Pancakes

## mit roter Grütze

 **ZUBEREITUNG:** 25 Min. | **FÜR 2 PERSONEN**

**ZUTATEN**

1 gehäufter EL Chiasamen, gemahlen
100 ml Kirschsaft
250–300 g Beeren (frisch oder TK)
2 Eier (Größe L)

50 g Quinoamehl
50 g Hirsemehl
2 EL Mohnsamen
2 EL Quinoa-Pops
1 TL Weinstein-Backpulver

120 ml Milch (ersatzweise Kokos- oder Mandelmilch)
1 EL Vanillezucker
ca. 1 EL Raps- oder Kokosöl
Ahornsirup, nach Belieben
Salz

1. Die Chiasamen langsam in den Kirschsaft rieseln lassen, dabei gut rühren, damit sich keine Klümpchen bilden. Kurz quellen lassen und ein weiteres Mal gut durchrühren. Das Chia-Gel noch ein wenig quellen lassen, dann die tiefgekühlten Beeren untermischen. Frische Beeren vorher verlesen, waschen und trocken tupfen. Nach Belieben süßen.

2. Die Eier trennen und die Eiweiße mit 1 Prise Salz steif schlagen. In einer Schüssel die Mehlsorten mit Mohn, Quinoa-Pops und Backpulver mischen. Eigelbe mit Milch und Vanillezucker verquirlen, zur Mehlmischung geben und alles zu einem glatten Teig verrühren. Den Eischnee vorsichtig unterheben.

3. Etwas Öl in einer Pfanne erhitzen. Für jeden Pancake 1 EL Teig in die Pfanne geben, dazwischen jeweils etwas Platz lassen. Bei mittlerer Hitze backen, bis sich kleine Bläschen bilden. Wenden und weitere 1–2 Minuten goldgelb braten. So verfahren, bis alle Pancakes gebacken sind. Fertige Pancakes in der Zwischenzeit im Ofen warm halten. Die Pancakes nach Belieben mit Ahornsirup und der Chiagrütze servieren.

# Frühstücksbrötchen

## einfach und superschnell

---

 **ZUBEREITUNG:** 15 Min. + 20 Min. Backzeit  |   **FÜR 6–8 BRÖTCHEN**

---

**ZUTATEN**

1 Ei (Größe L)
150 g + 2 EL Buttermilch
100 ml Mineralwasser
400 g Mehl (z. B. 150 g Buch-
    weizenmehl + 150 g Reis-

vollkornmehl + 100 g
    Maismehl)
1 Päckchen
    Weinstein-Backpulver

2 EL Sesamsamen oder
    Buchweizenflocken,
    nach Belieben
Salz

---

**1.** Den Backofen auf 180 °C (Umluft) vorheizen und ein Backblech mit Backpapier belegen. Das Ei verquirlen und 150 g Buttermilch, Mineralwasser und 1 Prise Salz unterrühren. Die Mehlsorten mit dem Backpulver mischen und nach und nach unter die Buttermilch-Ei-Mischung rühren. Zu einem glatten Teig verkneten und etwa 5 Minuten quellen lassen.

**2.** Den Teig mit einem Esslöffel in 6–8 Portionen auf das Backblech setzen, zu Brötchen formen und mit der restlichen Buttermilch bestreichen. Nach Belieben mit den Sesamsamen oder den Buchweizenflocken bestreuen und im heißen Ofen (Mitte) in 15–20 Minuten goldgelb backen.

**TAUSCHIDEE**

Beim Mehl kannst du dich austoben, denn du kannst aus der ganzen Bandbreite an Mehlsorten auswählen und sie munter kombinieren oder einzeln verwenden. Probier einfach aus, was dir am besten schmeckt – eine Kombination aus Dinkel und Buchweizen ist beispielsweise auch sehr lecker.

# Buchweizen
## Fagopyrum spp.

gehört zur Familie der **KNÖTERICHGEWÄCHSE** (verwandt mit Sauerampfer und Rhabarber) – zählt zu den Pseudogetreiden | **GESCHMACK:** nussig-würzig, durch Rösten in der Pfanne werden die Samen noch nussiger im Aroma |  **GLUTENFREI**

## 🌍 HERKUNFT, ANBAU UND NUTZUNG

❥ ursprünglich aus Zentral- bis Ostasien, kam wohl über die Türkei nach Europa und wurde früher in norddeutschen Moorgebieten angebaut

❥ Hauptanbaugebiete sind Russland und China und beispielsweise auch Frankreich und Japan

❥ auch als Energiepflanze für Bio-Gasanlagen genutzt

## 👍 Tolles Korn

Buchweizen ist in Asien beheimatet und wird dort „Kraft der wärmenden Sonne" genannt. Er ist ein nährstoffreiches Kraftkorn, das Blutdruck und Blutzuckerspiegel senken kann, was ihn auch für Diabetiker interessant macht. Zudem reguliert er den Cholesterinspiegel und ist gut verdaulich. Er gilt als nierenstärkend, wärmend und hat obendrein noch ein günstiges Aminosäureprofil: Die Zusammensetzung der einzelnen Eiweißbaustoffe ist perfekt für unseren Körper. Buchweizen gibt also Körper und Gehirn Kraft für einen ganzen Tag. Deswegen gilt: Morgens Buchweizen ins Müsli ... und der Tag kann optimal starten!

## 🍽 AUF DEN TELLERN DER WELT

❥ Blini (Russland)
❥ Galette (Frankreich)
❥ Sobanudeln (Japan)
❥ Buchweizentee (Asien)

# 🍳 Körner und ihre Verwendung

Mehl, ganze Körner, Bulgur, Honig – in diesen Formen wird Buchweizen verkauft bzw. verarbeitet. Auch Flocken, Pops und Keimlinge sind aus diesem Korn erhältlich:

❧ Mehl – besonders für herzhaftes Gebäck, würzige Brote, Waffeln und Pfannkuchen eignet sich das Buchweizenmehl hervorragend. Es gibt dem Gebäck eine dunkle Farbe und wird meist, auch wegen seines starken Eigengeschmacks, mit anderen Mehlen kombiniert.

❧ Ganze Körner – die typische Form des Buchweizenkorns gibt ihm seinen Namen, denn optisch ähnelt es der Buchecker. Um das volle Aroma zu bekommen, empfiehlt es sich, die Körnchen in einer heißen Pfanne zu rösten, bis sie herrlich duften. Buchweizen ist als Beilage eine gute Wahl, denn er steht nach etwa 20 Minuten fertig auf dem Tisch. Dazu den vorher gerösteten Buchweizen in der doppelten Menge kaltem Wasser aufkochen, 15 Minuten köcheln lassen und auf dem ausgeschalteten Herd noch einige Zeit nachquellen lassen.

❧ Bulgur aus Buchweizen – Buchweizenbulgur gibt es fertig zu kaufen. Er wird aus dem geschroteten vollen Korn hergestellt. Zubereiten und verwenden lässt er sich wie der herkömmliche Bulgur aus Weizen.

---

## ℹ WIE INTERESSANT

Kasha – wer Buchweizen hört, denkt vermutlich unweigerlich an dieses Wort. Im Englischen bedeutet es „Buchweizengrütze", auf Russisch heißt es „Brei" und auch in osteuropäischen Ländern ist damit ein gerösteter Brei aus Buchweizen gemeint.

## 💡 WISSENSECKE

Buchweizensprossen zu ziehen ist nicht schwer: Die Samen in ein Sprossenglas oder eine Sprossenschale geben und mit Wasser bedecken. Etwa 2 Stunden quellen lassen, abgießen, dann mehrmals mit kaltem Wasser spülen und an einem hellen Ort ohne direktes Sonnenlicht stehen lassen (je nach Glas evtl. schräg stellen). Wichtig ist, die Samen bzw. Keimlinge mehrmals am Tag mit kaltem Wasser zu spülen, da Buchweizen viele Schleimstoffe bildet und sich leicht Keime bilden könnten. Dazu das Glas mit kaltem Wasser befüllen, verschließen, schwenken und abgießen, gut abtropfen lassen. Nach 2–4 Tagen sind die Sprossen fertig.

# Kokoszopf

## mit nussiger Füllung

---

**ZUBEREITUNG:** 30 Min. + 1 Std. Gehen + 40 Min. Backzeit | **FÜR 1 ZOPF**

---

**ZUTATEN**

150 g Kokosraspel
150 ml + 2 EL Kokosmilch
30 g Hefe
5 EL Zucker

500 g Dinkelmehl (Type 630)
1 Ei (Größe M)
150 g Nussmus (z. B. Kokos-
oder Mandelmus)

150 g Aprikosenmarmelade
Salz

---

1. 140 g Kokosraspel in 150 ml Wasser einweichen. 150 ml Kokosmilch
   lauwarm erwärmen und mit der zerbröckelten Hefe, 1 EL Zucker,
   ½ TL Salz und 100 g Mehl zu einem Vorteig verrühren. Ungefähr
   10 Minuten gehen lassen.

2. 100 ml Wasser, restlichen Zucker, restliches Mehl, das Ei und
   50 g Nussmus zum Vorteig geben und alles zu einem glatten Teig
   verkneten. Zugedeckt mindestens 1 Stunde an einem warmen
   Ort gehen lassen.

3. Den Backofen auf 180 °C vorheizen und ein Backblech mit Backpapier
   belegen. Das restliche Nussmus mit der Marmelade verrühren,
   die eingeweichten Kokosraspel untermischen. Den Teig auf einer bemehlten Arbeitsfläche gut durchkneten und zu einem großen Rechteck
   (50 x 40 cm) ausrollen, dieses mit dem Nussmus bestreichen und
   von der kurzen Seite her aufrollen. Die Rolle zweimal der Länge nach
   einschneiden, dabei ein Ende zusammenlassen. Die drei Stränge
   zu einem Zopf flechten. Den Zopf auf das Blech setzen, mit der restlichen Kokosmilch bestreichen und mit den übrigen Kokosraspeln bestreuen. Im heißen Ofen (Mitte) in 30–40 Minuten goldbraun backen.

# Rührei-Muffins

## blitzschnelles Frühstück

---

 **ZUBEREITUNG:** 10 Min. + 12 Min. Backzeit  |  **FÜR 6 MUFFINS**

---

**ZUTATEN**

50 g TK-Spinat
3 Eier (Größe M)
3 EL körniger Frischkäse
2 EL Kichererbsenmehl

6 runde Scheiben
    Pumpernickel
ca. 9 Cocktailtomaten
6 Mini-Mozzarellabällchen

Salz
Pfeffer, frisch gemahlen

---

1. Den Backofen auf 200 °C vorheizen und die Mulden einer Muffinform einfetten. Den Spinat auftauen lassen. Die Eier verquirlen und mit dem Frischkäse verrühren. Kichererbsenmehl einrühren und mit Salz und Pfeffer würzen. Dann den aufgetauten Spinat unterheben.

2. Die Pumpernickelscheiben auf die Mulden verteilen. Die Cocktail-tomaten waschen, jeweils vierteln und ebenfalls auf die Mulden ver-teilen. Die Eiermasse über die Tomaten geben, auf jede Mulde 1 Mozzarellabällchen legen und die Masse im vorgeheizten Backofen 10–12 Minuten stocken lassen, bis die Oberfläche schön gebräunt und der Käse geschmolzen ist.

# SÜSSE UND HERZHAFTE SNACKS

# Amarant-Cracker

## mit Kichererbsen-Dip

---

 **ZUBEREITUNG:** 15 Min. + 45 Min. Backzeit | 🍴 **FÜR 1 BLECH**

---

**ZUTATEN**

100 g Amarantmehl
130 g Kichererbsenmehl
3 EL geschroteter
   Leinsamen
1 TL getrockneter Thymian

4 EL Sesamsamen
3 EL Amarant-Pops
2 EL Olivenöl
2 EL Zitronensaft
2 EL Tahin

½ TL gemahlener
   Kreuzkümmel
Salz
Pfeffer, frisch gemahlen

---

1. Den Backofen auf 160 °C vorheizen und ein Backblech mit Back-papier belegen. Für die Cracker das Amarantmehl mit 50 g Kichererbsenmehl, Leinsamen, Thymian, Sesam, Amarant-Pops, 1 EL Olivenöl, 1 TL Salz und 150 ml Wasser verrühren. Den Teig zwischen Backpapier und Frischhaltefolie mit einem Nudelholz möglichst dünn ausrollen und mit dem Backpapier auf das Back-blech legen. Im heißen Ofen (Mitte) 15 Minuten backen, dann mit einem Messer in Rauten oder Quadrate schneiden und weitere 10–20 Minuten backen, bis die Cracker fast getrocknet, aber noch nicht zu dunkel sind. Dann den Ofen ausschalten und die Cracker weitere 10 Minuten darin trocknen lassen, dabei die Tür einen Spalt öffnen. Anschließend herausnehmen, vollständig auskühlen lassen und an den eingeschnittenen Linien in Stücke brechen.

2. Für den Dip das restliche Kichererbsenmehl in 200–250 ml kochendes Wasser rühren, kurz quellen lassen und mit dem übrigen Olivenöl, Zitronensaft, Tahin und Kreuzkümmel mischen. Mit Salz und Pfeffer würzen und zu den Crackern servieren.

**DIP-VARIANTE**

In den Supermärkten gibt es immer öfter auch andere Mehle aus verschiedensten Hülsenfrüchten. Probier doch den Dip statt mit Kicher-erbsenmehl mal mit Mehl aus grünen Erbsen oder roten Linsen … Auch das auf Seite 103 verwendete Tsampa lässt sich leicht als Dip zu-bereiten. Als Gewürz passt zu den grünen Erbsen etwas Paprikapulver beson-ders gut, zu den roten Linsen schmeckt Currypulver oder auch Cayennepfeffer.

# Buchweizen-Kürbis-Bällchen
## mit Gurkensalat und Kürbis-Relish

 **ZUBEREITUNG:** 40 Min. |  **FÜR 2 PERSONEN**

**ZUTATEN**

20 g Buchweizen
200 g Kürbisfruchtfleisch
20 g Butter oder Kokosöl
Cayennepfeffer
25 g getrocknete Aprikosen

1 Zwiebel
2 EL Olivenöl
25 g getrocknete Cranberrys
½ TL gemahlene Kurkuma
1 TL Honig

4 EL weißer Balsamicoessig
½ Bio-Salatgurke
1 kleine Chilischote
Rohrohrzucker
Salz

1. Den Buchweizen in einen Plastikbeutel geben und mit dem Nudelholz darüberrollen, damit die Körner aufbrechen. In einer trockenen Pfanne einige Minuten anrösten. Das geputzte und entkernte Kürbisfruchtfleisch zur Hälfte fein reiben. Die Butter in einem Topf zerlassen und mit dem geriebenen Kürbis, dem gerösteten Buchweizen, 1 Prise Cayennepfeffer und etwas Salz gut vermischen. Mit den Händen daraus 8–10 walnussgroße Kugeln formen und auf einem Teller im Kühlschrank etwa 30 Minuten kalt stellen.

2. Inzwischen das restliche Kürbisfruchtfleisch grob raspeln. Die getrockneten Aprikosen fein würfeln, die Zwiebel schälen und fein würfeln. In einem Topf 1 EL Öl erhitzen und die Zwiebel darin bei starker Hitze etwa 2 Minuten andünsten. Kürbisraspel, Cranberrys, Aprikosen und Kurkuma zugeben, kurz anbraten, dann Honig, Balsamicoessig und 6 EL Wasser hinzufügen. Das Relish bei mittlerer Hitze zugedeckt etwa 10 Minuten köcheln lassen.

3. Für den Gurkensalat inzwischen die Gurke waschen und mit dem Sparschäler in lange Streifen hobeln. In einer Schüssel mit ½ TL Salz gut mischen. Die Chilischote putzen, entkernen, waschen und in feine Stückchen schneiden. Das ausgetretene Wasser der Gurke abgießen und die Gurkenstreifen mit Chili, 1 Prise Zucker und dem restlichen Olivenöl mischen.

4. Den Gurkensalat auf zwei Teller verteilen und rundherum die Kürbisbällchen und das Relish anordnen und sofort servieren.

# Glücksrollen

## mit Buchweizennudeln

---

 **ZUBEREITUNG:** 45 Min. + evtl. Sprossenziehen 2–3 Tage   |   **FÜR 2 PERSONEN**

---

**ZUTATEN**

40 g Sobanudeln (asiatische Buchweizennudeln, auch gut als Resteverwertung)
2 TL geröstetes Sesamöl
½ Avocado
100 g grüner Spargel (ersatzweise Zuckerschoten)
2 Blätter Rotkohl

2 Stängel Koriander
2 Stängel Minze
3 Scheiben Räucherlachs
2 EL Cashewkerne
1 kleine Handvoll Sprossen, nach Belieben (siehe Tipp)
6 dünne Reispapierblätter (ca. 22 cm Ø)

2 EL Sojasoße
1 EL Limettensaft
1 EL Sesamsamen (weiß und schwarz)
Salz
Pfeffer, frisch gemahlen

---

1. Die Sobanudeln nach Packungsangabe bissfest kochen, kalt abspülen und abtropfen lassen. Mit 1 TL Sesamöl mischen.

2. Inzwischen die Avocado schälen und in längliche Streifen schneiden. Den Spargel waschen, das untere Drittel schälen und je nach Dicke längs halbieren oder in Streifen schneiden. Den Rotkohl waschen, Strunk herausschneiden und in dünne Streifen schneiden. Koriander und Minze waschen, trocken schütteln und die Blättchen abzupfen. Den Räucherlachs in längliche, mundgerechte Stücke schneiden. Die Cashewkerne grob hacken. Die Sprossen waschen und gut abtropfen lassen.

3. Zum Einrollen die Reispapierblätter einzeln kurz in kaltes Wasser legen, herausnehmen, etwas abtropfen lassen und ausgebreitet auf ein Brett oder die Arbeitsfläche legen. Von jeder Füllzutat ein wenig auf das untere Drittel legen. Die Seiten der Reispapierblätter über der Füllung einschlagen und von unten her fest zusammenrollen.

4. Zum Servieren das restliche Sesamöl mit Sojasoße und Limettensaft vermischen. Die Sesamsamen unterrühren und als Dip zu den Glücksrollen servieren.

### SPROSSENTIPP

Buchweizensprossen zu ziehen ist gar nicht schwer (siehe Seite 27). Du kannst aber auch jede andere Sprossensorte selbst ziehen oder fertig kaufen und in deine Glücksrollen füllen.

### VEGGIE-VARIANTE

Statt Räucherlachs kannst du auch Räuchertofu in die Glücksrollen füllen. Dazu etwa 100 g in dünne Scheiben schneiden und wie oben beschrieben mit den restlichen Zutaten in die Reispapierblätter füllen.

# Chia

## Salvia hispanica

gehört zur Familie der **LIPPENBLÜTLER**
**GESCHMACK:** neutral | 🌾 **GLUTENFREI**

 **HERKUNFT UND ANBAU**

❯ ursprünglich aus Mexiko stammend

❯ wird heute in Zentralmexiko, anderen Ländern
Südamerikas (vor allem Bolivien) und Australien
angebaut – die Pflanze braucht tropisches bzw.
subtropisches Klima

## 👌 Tolles Korn

Chia ist botanisch mit dem Salbei verwandt.
Wir verwenden von Chia die Samen. Sie
können sowohl roh als auch gekocht verzehrt werden und sind eine wunderbare
Ballaststoffquelle. Zudem sind Omega-3-
Fettsäuren reichlich und für unseren Körper
gut verfügbar vorhanden, vor allem im
gemahlenen Zustand. Auch Eisen, Kalzium
und andere Mineralstoffe sowie Spurenelemente sind in Chia vermehrt enthalten.
Chiasamen sollen auch helfen, den Blutzuckerspiegel zu stabilisieren – all diese
„Wunderwirkungen" machen die Körnchen
zum derzeitigen Super-Superfood. Sie als
Nahrungsergänzungsmittel einzusetzen ist
durchaus sinnvoll, aber ein Allheilmittel sind
sie vermutlich nicht: Aus wissenschaftlicher
Sicht gibt es noch keine validen Studien,
die ihre Wirkung bestätigen. Vorsicht ist auch
bei der Verzehrmenge geboten. Von der
Europäischen Behörde für Lebensmittel-
sicherheit wird empfohlen, nicht mehr als
15 g Chia pro Tag zu verzehren, wobei dieser
Wert für Erwachsene gilt.

 ## AUF DEN TELLERN DER WELT

- Chiasamen verfeinern weltweit Smoothies, Brote, Pfannkuchen, Grützen, Cracker, Kuchen und auch Kekse

- Chia wird unter Hühnerfutter gemischt, um den Omega-3-Fettsäure-Gehalt von Eiern zu erhöhen.

---

 # Körner und ihre Verwendung

Chiasamen sind weiß und schwarz erhältlich und ergeben, wenn man sie mit Flüssigkeit vermischt (siehe unten), ein Gel, das sich vielfältig einsetzen lässt. Sie haben keinen Eigengeschmack und fühlen sich im Mund gleichzeitig knackig und sämig an. In der veganen Küche dienen Chiasamen oft als Ei-Ersatz und wer mag, kann sich aus den kleinen Körnchen auch eigene Sprossen ziehen (siehe Seite 121).

---

 ### WIE INTERESSANT

Schon die Mayas und Azteken waren sich der Wirkung der Chiasamen bewusst und feierten sie als Heilmittel und Energiequelle. Lange Zeit fristeten sie ein Schattendasein, doch nun wurden sie zum modernen Superfood auserkoren. Das geht sogar so weit, dass es in den USA seit 2016 den „National Chia Day" gibt, den Tag der Chiasamen (23. März).

---

### 💡 WISSENSECKE

Als Grundrezept für die Herstellung eines Chiagels gilt die Faustregel: 2 EL Samen auf 6 EL Flüssigkeit. Diese werden gut miteinander verrührt, damit sich keine Klümpchen bilden. Kurz quellen lassen, erneut rühren und noch einmal etwa 10 Minuten ausquellen lassen. Auch aus gemahlenen Samen lässt sich so ein Gel herstellen.

# Polentahäppchen

## auf zweierlei Art

 **ZUBEREITUNG:** 40 Min. + Abkühlen | 🍴 **FÜR 2 PERSONEN**

**ZUTATEN**

500 ml Gemüsebrühe
125 g Instant-Polentagrieß
2 EL Parmesan, fein gerieben
1 EL Butter
2 Tomaten
½ kleine rote Zwiebel

1 EL Olivenöl
2–3 EL Pesto
60 g Mini-Mozzarellabällchen
50 g Champignons
2 Blättchen Salbei
1 EL Olivenöl

2 EL Sahne
ca. 50 g roher Schinken
Salz
Pfeffer, frisch gemahlen

1. Die Gemüsebrühe in einem Topf erhitzen, Polentagrieß langsam einrühren und zugedeckt bei niedriger Hitze etwa 10 Minuten quellen lassen. Den Herd ausschalten, Parmesan, Butter und etwas Salz unter die Polenta heben und weitere 5 Minuten zugedeckt ausquellen lassen.

2. Ein Backblech fetten, die Polenta darauf verteilen, glatt streichen und gut abkühlen lassen. Dann Kreise ausstechen.

3. Für Salsa-Häppchen: Wer möchte, kann die Tomaten häuten. Dazu heiß überbrühen, kalt abschrecken und die Haut abziehen. Alternativ die Tomaten einfach waschen. Vom Stielansatz befreien und in feine Stücke schneiden. Die Zwiebel schälen und fein hacken. Tomaten und Zwiebel mit Olivenöl, Salz und Pfeffer mischen und kurz ziehen lassen. Die Hälfte der Polentakreise jeweils mit Pesto bestreichen, mit etwas Salsa belegen und mittig 1 Mini-Mozzarellabällchen daraufgeben.

4. Für Pilzhäppchen: Die Champignons putzen und sehr fein schneiden. Den Salbei waschen, trocken schütteln und in feine Streifen schneiden. Das Öl in einem Topf erhitzen und die Pilze darin bei starker Hitze 3–4 Minuten anbraten, bis sie duften. Anschließend Salbei und Sahne zugeben und aufkochen, salzen und pfeffern. Die zweite Hälfte der Polentakreise jeweils mit 1 Scheibe rohem Schinken umwickeln und mit etwas Pilzragout belegen.

### BESONDERS SCHÖN

Richtig professionell sieht es aus, wenn du den Häppchen unterschiedliche Formen gibst, z. B. kannst du für die Salsa-Häppchen Kreise ausstechen und für die Pilz-Häppchen die Polenta in Rauten schneiden.

### KLÖSSCHENVARIANTE

Kleine Polentaklößchen eignen sich als Suppeneinlage, größere als Beilage zu einer leckeren Tomatensoße. Dazu die gegarte Polenta einfach zu Nocken oder Bällchen in der gewünschten Größe formen.

SÜSSE UND HERZHAFTE SNACKS

# Onigiri-Reishäppchen

## Snack im Dreieck

---

⏱ **ZUBEREITUNG:** 25 Min. + Abkühlen | 🍴 **FÜR 6 STÜCK**

---

**ZUTATEN**

250 g Sushi-Reis
½ Blatt Nori-Algen (für Sushi)
2 EL Sesamsamen

1 Avocado
2 EL Sojasoße
1 EL Mayonnaise

Salz

---

1. Den Sushi-Reis in 350 ml Wasser aufkochen, dann zugedeckt bei niedriger Hitze etwa 10 Minuten köcheln lassen. Vom Herd nehmen und zugedeckt ausquellen lassen, kräftig salzen und beiseitestellen, bis der Reis vollständig abgekühlt ist.

2. Inzwischen die Algen so fein wie möglich schneiden und mit dem Sesam unter den abgekühlten Reis mischen.

3. Für die Füllung die Avocado längs halbieren, den Stein entfernen, das Fruchtfleisch mit einem Löffel aus der Schale lösen und mit einer Gabel zu Mus zerdrücken. Mit Sojasoße und Mayonnaise mischen.

4. Eine Schale mit Wasser bereitstellen. Mit befeuchteten Händen vom Reis ein Sechstel abnehmen, in der Hand eine Kuhle in den Reis drücken, etwas Füllung hineingeben, mit dem Reis verschließen und zu einer Kugel formen. Nun auf die Arbeitsplatte legen und mit beiden Händen zu einem Dreieck formen. Das geht am besten, wenn man Daumen und Zeigefinger beider Hände zu einem Dreieck spreizt. Mit den restlichen Zutaten ebenso verfahren und genießen.

**SÜSSE VARIANTE**

Man kann den Reis übrigens auch mit Milch oder Kokosmilch kochen und dann eine süße Füllung, z. B. aus einer zerdrückten Banane gemischt mit Erdnussmus, zubereiten. So lassen sich auch die Reste von Milchreis gut aufpeppen.

# Dinkel

## Triticum spelta

gehört zur Familie der **SÜSSGRÄSER**   |   **GESCHMACK:** leicht nussig, kräftig

 **HERKUNFT UND ANBAU**

❧ bekannt seit der Jungsteinzeit, kommt ursprünglich aus Nordafrika und Vorderasien

❧ wird in Mitteleuropa und vor allem auch im südwestlichen Deutschland angebaut

## Tolles Korn

Dinkel ist bekömmlich, gut verträglich (teilweise auch bei Weizenunverträglichkeiten), wirkt harmonisierend – und er ist eine wunderbare Alternative zu Weizen. Im Vergleich punktet Dinkel mit mehr Mineralstoffen, mehr Vitaminen und einem höheren Nährstoffanteil. Sogar stimmungsaufhellende Wirkung wird ihm nachgesagt, dank der in ihm enthaltenen Aminosäure Tryptophan. Leider war Dinkel einige Zeit in Vergessenheit geraten, der Weizen mit seinen höheren Ernteerträgen hatte ihn verdrängt. Doch nun erlebt Dinkel gerade eine verdiente Renaissance.

## AUF DEN TELLERN DER WELT

❧ Dinkel-Pilaw (Orient)
❧ Risotto con farro (Dinkelrisotto, Italien)
❧ Insalata di farro (Dinkelsalat, Italien)
❧ Suppen und Eintöpfe (weltweit)

# Körner und ihre Verwendung

Ganze Körner, Schrot, Mehl, Grieß, Couscous, Flocken, Getreidedrink, Bier, Kaffee, Sprossen, Grünkern – in diesen Formen ist Dinkel bekannt:

❧ Flocken – sie sind eine gute Abwechslung zu den klassischen Haferflocken für das morgendliche Frühstück. Man bekommt sie in Bio-Läden und Reformhäusern, kann sie aber auch leicht selbst mit einer Flockenquetsche zubereiten.

❧ Getreidedrink – milchähnliche Getreidedrinks aus Dinkel (oder Hafer) sind neben Nuss- und Samendrinks Alternativen zur altbewährten Milch.

❧ Bier und Kaffee – spezielle Biersorten aus Dinkel werden von einigen Brauereien hergestellt. Auch gut verträglicher, schonender Dinkelkaffee, mit rauchigem, fein-herbem Geschmack, findet immer mehr Liebhaber. Die Zubereitung erfolgt wie bei Filterkaffee durch Aufbrühen oder auch in Espressomaschinen.

❧ Grünkern – der „grüne", frühreif geerntete Dinkel wird über Feuer gedarrt. Dadurch reift er nach, wird leichter verdaulich und bekommt seinen würzigen Geschmack. Besonders gut schmeckt Grünkern in Suppen und als Bratling. Er wirkt anregend für Stoffwechsel, Nerven und Sinne.

---

## ⓘ WIE INTERESSANT

Im Mittelalter war Dinkel ein wichtiges Handelsgetreide. Es wird auch „Schwabenkorn" genannt, da die ersten deutschen Anbaugebiete in Baden-Württemberg und Franken lagen. Dinkel hat einen extrem guten Ruf, beispielsweise bei Hildegard von Bingen und in der Traditionellen Chinesischen Medizin: „Dinkel ist das beste Getreide, fettig und kraftvoll und leichter verträglich als alle anderen Körner." (Hildegard von Bingen)

---

## 💡 WISSENSECKE

Die einzelnen (Mehl-)Typen geben den Mineralstoffgehalt eines Mehls an. Bei Weizenmehl bedeuten niedrige Typennummern, dass das Mehl sehr hell ist und wenig Mineralstoffe enthält, höhere Typennummern kennzeichnen dunkleres Mehl mit entsprechend mehr Mineralstoffen. Die Typisierung erfolgt in Deutschland nach einer DIN-Norm und existiert für Weizen, Roggen und Dinkel. Bei Weizenmehl reicht die Typenauswahl von 405, 550, 812, 1050 bis 1600. Roggenmehl gibt es in den Typen 815, 997, 1150, 1370, 1740 und Dinkelmehl wird in die Typen 630, 812 und 1050 eingeteilt. Vollkornmehle, Grieß, Schrot und Kleie werden nicht nach Typen eingeteilt. „Dunst" (auch griffiges Mehl genannt) bezeichnet eine Zwischenstufe zwischen Mehl und Grieß, feiner als Grieß, aber gröber als Mehl, und wird vor allem zur Spätzle- und Strudelherstellung verwendet.

# Flapjacks

## Müsliriegel, ganz gesund

 **ZUBEREITUNG:** 30 Min. | **FÜR 12 STÜCK**

**ZUTATEN**

80 g Butter
50 g Mandelmus
80 g Honig

250 g Haferflocken (fein)
2 EL Rosinen
½ TL gemahlener Zimt

3 EL getrocknete Apfelringe,
klein geschnitten

1. Den Backofen auf 180 °C vorheizen. Die Butter in einem Topf schmelzen, Mandelmus und Honig dazugeben und gut untermischen.

2. Die Haferflocken mit Rosinen, Zimt und Apfelringen mischen und die flüssige Butter darübergeben. Gut vermischen, damit die Zutaten alle feucht sind, dann fest in eine ofenfeste Form (z. B. 17 x 24 cm) drücken.

3. Im heißen Ofen in 15–20 Minuten goldgelb backen. Aus dem Ofen nehmen, kurz abkühlen lassen, vorsichtig mit einem Messer in die gewünschte Größe schneiden und vollständig abkühlen lassen.

### TROPENVARIANTE

Statt mit Rosinen, Zimt und Apfelringen kannst du die Flapjacks auch mit 1 Msp. Vanillemark, 3 EL getrockneten Kirschen und 4 Stücken Mango (klein geschnitten) zubereiten. Diese Version schmeckt besonders gut, wenn du das Mandelmus durch Cashewmus ersetzt.

# Karamell-Cookies

## zum Zwischendurch-Naschen

 **ZUBEREITUNG:** 10 Min. + 12 Min. Backzeit | **FÜR CA. 24 KEKSE**

**ZUTATEN**

50 g Butter
40 g Rohrohrzucker
1 Ei (Größe M)

100 g Mehl (z. B. 50 g
   Mais- und 50 g Dinkelmehl
   Type 1050)
½ TL Weinstein-Backpulver

30 g Amarant-Pops
30 g gehackte weiche
   Karamellbonbons
Salz

1. Die Butter in einem Topf zerlassen und mit Zucker und Ei verquirlen. Das Mehl mit Backpulver, 1 Prise Salz und Amarant mischen. Mit dem Karamell unter die Buttermasse rühren.

2. Den Backofen auf 180 °C vorheizen und ein Backblech mit Backpapier belegen. Mit einem Löffel walnussgroße Häufchen aufs Blech setzen, dabei dazwischen etwas Abstand lassen. Im heißen Ofen in 10–12 Minuten goldgelb backen, dann herausnehmen und die Kekse abkühlen lassen.

**TAUSCHTIPP**

Die Kekse bald verzehren, da der Karamell weich und klebrig wird, wenn man die Kekse aufbewahrt. Wer möchte, kann statt des Karamells andere Geschmackszutaten verwenden, beispielsweise Schokostückchen oder gehackte Cranberrys – dann halten sich die Kekse luftdicht verschlossen 1–2 Wochen.

**BESONDERS LECKER DAZU**

Kindheitserinnerungen und Genuss pur – wer kennt sie nicht, die leckere Kombi aus Keksen und kalter Milch …? Aber auch alternative Nuss- oder Getreidedrinks schmecken zu diesen Naschereien einfach traumhaft.

# Chia-Kokosmilch-Pudding

## mit Orangensoße

 **ZUBEREITUNG:** 20 Min. |  **FÜR 2 PERSONEN**

**ZUTATEN**

2 unbehandelte Orangen
30 g weiße Chiasamen
gemahlene Kurkuma

150 ml Kokosmilch
1 Grapefruit
1 Messerspitze Agar-Agar

50 g Physalis
1 EL Honig
2 EL Granatapfelkerne

1. Eine Orange heiß abwaschen und davon 1 TL Schale abreiben. Die Chiasamen mit 1 Prise Kurkuma und der Orangenschale mischen. Langsam die Kokosmilch hinzugießen, dabei gut rühren, damit sich keine Klümpchen bilden. Kurz quellen lassen und noch einmal gut durchrühren. Den Chiapudding auf zwei Schälchen verteilen und zum Quellen beiseitestellen.

2. Von einer Orange und der Grapefruit die Schale und die weiße Haut entfernen. Die Fruchtfilets jeweils zwischen den Trennhäutchen herausschneiden und gegebenenfalls halbieren, dabei den Saft auffangen. Die andere Orange halbieren und den Saft auspressen. Agar-Agar mit dem Orangensaft klümpchenfrei anrühren. In einem kleinen Topf aufkochen und etwa 5 Minuten köcheln lassen.

3. Inzwischen die Physalisbeeren von den Hüllen befreien und waschen, nach Belieben halbieren oder ganz lassen. Den Honig in die angedickte Soße rühren, Orangen- und Grapefruitfilets und Physalis dazugeben.

4. Den Chiapudding mit der Orangensoße und den Granatapfelkernen garnieren und servieren.

# SALATE
## UND
## AUFSTRICHE

# Bunter Wildreissalat

## einfach erfrischend

---

 **ZUBEREITUNG:** 50 Min. |  **FÜR 2 PERSONEN**

---

**ZUTATEN**

150 g Edamame (TK, ersatzweise Erbsen oder
grüne Bohnen)
80 g Naturreis-
Wildreis-Mischung

2 EL Zitronensaft
1 EL Olivenöl
2 Tomaten
100 g Bio-Salatgurke
½ Bund Koriander

100 g Feta
Salz
Pfeffer, frisch gemahlen

---

1. Edamame bzw. Erbsen oder grüne Bohnen auftauen lassen. Den
   Reis nach Packungsangabe in der doppelten Menge Wasser garen
   und gegebenenfalls ausquellen lassen. Noch heiß mit Zitronensaft,
   Öl, Salz und Pfeffer würzen, gut durchmischen und abkühlen lassen.

2. Die Tomaten waschen, halbieren, den Stielansatz entfernen und das
   Fruchtfleisch in kleine Stückchen schneiden. Die Gurke ebenfalls
   waschen und in kleine Würfel schneiden. Den Koriander waschen,
   trocken schütteln und fein hacken. Den Feta nach Belieben fein
   oder grob zerkrümeln und zusammen mit Tomaten, Gurke, Koriander
   und Edamame unter die Reismischung geben. Nach Belieben mit
   Salz und Pfeffer abschmecken.

# Kräuter-Tabouleh

## geht ganz schnell

 **ZUBEREITUNG:** 15 Min. |  **FÜR 2 PERSONEN**

**ZUTATEN**

200 ml Gemüsebrühe
100 g Couscous
2 Stangen Staudensellerie
1 Schalotte
1 Bund Kräuter

(z. B. Minze, Sauerampfer
und Basilikum)
½ Bund Petersilie
3 EL Zitronensaft
2 EL Olivenöl

½ TL Paprikapulver
(rosenscharf)
Salz
Pfeffer, frisch gemahlen

1. Die Gemüsebrühe erhitzen, den Couscous damit übergießen und nach Packungsanweisung etwa 10 Minuten ausquellen lassen.

2. Inzwischen den Staudensellerie putzen, waschen und in feine Scheiben schneiden. Die Schalotte schälen und sehr fein würfeln. Die Kräuter waschen, trocken schütteln und fein hacken.

3. Couscous mit Zitronensaft, Olivenöl und Paprikapulver mischen. Sellerie, Schalotte und Kräuter unterheben und mit Salz und Pfeffer nach Belieben würzen.

**RATZFATZ-IDEE**

Für die ganz Eiligen unter euch: Schnelle Varianten gibt es nicht nur von Couscous, sondern auch von einigen anderen Getreidesorten: Minuten-Polenta z. B. ist in 2–5 Minuten (je nach Sorte) zum Essen bereit. Vor allem bei ganzen Körner, die erst eine lange Zeit einweichen und kochen müssen, ist solch eine schnelle Alternative sehr interessant: Zartweizen, Schnellkochdinkel, -quinoa und -gerste, Bulgur (aus unterschiedlichen Getreidearten), Grünkernschrot ... diese Varianten haben gegenüber dem „Original" nicht immens an Nährstoffen eingebüßt.

# Gerste

## Hordeum vulgare

gehört zur Familie der **SÜSSGRÄSER** (es gibt Wild- und Kulturgerste)  |  **GESCHMACK:** pikant, nussig

 **HERKUNFT, ANBAU UND NUTZUNG**

❧ ursprünglich aus dem Vorderen Orient und östlichen Balkan

❧ angebaut von Indien bis zum Atlantik

❧ Nutzung auch als Tierfutter sowie bei der Herstellung von
Bier und Whiskey

## Tolles Korn

Gerste ist ballaststoffreich, enthält viele Aminosäuren und Mineralstoffe, sie stärkt das Herz-Kreislauf-System und stabilisiert den Blutzuckerspiegel. Auch eine Heilwirkung wird der Gerste zugesprochen, denn sie wirkt regulierend auf den Verdauungs- und Darmtrakt, entgiftend und gut sättigend. Gerstenkeimlinge entwässern und helfen, Fieber zu senken. Die Gerste ist wohl das älteste Kulturgetreide, doch hat sie heutzutage, zumindest bei uns, als Nahrungsgetreide eine geringe Bedeutung. Man unterscheidet zwischen Winter- und Sommergerste: Die Wintergerste ist Tierfutter, während die Sommergerste mit ihrem niedrigeren Eiweißanteil als sogenannte Braugerste für die Bierherstellung und als Nahrungsmittel verwendet wird.

## AUF DEN TELLERN DER WELT

❧ Tsampa, tibetisches Grundnahrungsmittel (Pulver aus
gerösteten und gemahlenen Gerstenkörnern, Tibet)
❧ Barley water, Gerstenwasser (Gesundheitselixir der
Queen, Großbritannien)
❧ Gerstentee (Asien)
❧ Agua de Cebada, Gerstenmalzgetränk (Spanien)

#  Körner und ihre Verwendung

Graupen, Schnellkochgerste bzw. Gerstengrütze, Malzkaffee, Malzbier, Flocken, Mehl, ganze Körner, Gerstengras – in diesen Formen kennen die meisten von uns Gerste:

❧ Graupen – es gibt sie in unterschiedlicher Körnung, z. B. als Perlgraupen oder Rollgerste. Für Graupen wird Gerste geschält, geschliffen und poliert.

❧ Ganze Körner – man unterscheidet die Spelzgerste, die vor der Verarbeitung entspelzt werden muss, und die Nacktgerste, eine spelzfreie Gerstenzüchtung. Sie enthält viel Kieselsäure, die gut für Nägel und Haare ist.

❧ Gerstengras – Tiermastfutter, Nahrungsergänzungsmittel, Superfood … das ist die Karriere eines unscheinbaren Grases. Aus einzelnen Körnern wachsen Halme, die sich in Smoothies und Suppen gut machen und als Wunderwaffe unsere Fitness und unser Wohlbefinden steigern (sollen).

---

**ⓘ WIE INTERESSANT**

Das einzelne Samenkorn der Gerste hat eine relativ konstante Größe. Daher nahm man es früher als Grundlage für Maße und Gewichte. Man definierte das Gewicht eines Gerstenkorns als ein „Gran" (laut Duden wiegt ein Gran meist etwa 65 mg). Das Gran war ein sehr kleines Apothekergewicht und die Basis für Silber- und Goldgewichte. Auch Längenmaße wurden nach der Breite eines Gerstenkorns festgelegt.

---

 **WISSENSECKE**

Die ersten Getreidekörner bzw. -samen wurden vermutlich zwischen Steinen zermahlen, damit man sie mit Wasser zu einem dicken Brei anrühren konnte. Der nährte und sättigte unsere Vorfahren. Immer feiner wurden im Laufe der Jahrhunderte die Mahlgeräte, bis hin zu den heutigen hochtechnologisierten Mühlen. Unsere Vorfahren haben die Körner vermutlich nicht geschält und bearbeitet. Sie wurden im Ganzen vermahlen, also zu Vollkornmehl. Auch in unserem heutigen Vollkornmehl sind noch alle guten Inhaltsstoffe des ganzen Korns enthalten (siehe Seite 91 – Aufbau eines Korns).

# Homemade Sprossensalat

## selbst gezüchtet, knackig-frisch

---

 **ZUBEREITUNG:** 10 Min. + 2–4 Tage Sprossenziehen | **FÜR 2 PERSONEN**

---

**ZUTATEN**

| | | |
|---|---|---|
| 2 EL Roggensamen | 1 Möhre | 2 EL Weißweinessig |
| 2 EL Weizensamen | ½ Bio-Salatgurke | 2 EL Sojasoße |
| 1 TL schwarze Senfsamen | 30 g Erdnusskerne (gesalzen) | 1 TL Honig |
| 1 EL Bockshornkleesamen | 1 EL Rapsöl | |

---

1. Aus den Samen müssen zunächst Sprossen gezogen werden. Die Keimzeiten für alle Sorten sind 2–4 Tage. Roggen- und Weizensamen zunächst etwa 12 Stunden in Wasser einweichen, die Senf- und Bockshornkleesamen etwa 6 Stunden. Anschließend abgießen und gemeinsam in ein Sprossenglas, eine Sprossenschale oder einfach ein großes Schraubglas mit mehreren Löchern im Deckel füllen. Das Glas täglich mit kaltem Wasser befüllen, verschließen, schwenken und abgießen, gut abtropfen lassen (evtl. schräg stellen). Nach 2–4 Tagen sind die Sprossen fertig und für das Rezept bereit.

2. Für den Sprossensalat die Sprossen waschen und abtropfen lassen. Die Möhre schälen und grob raspeln. Die Gurke waschen und in kleine Stückchen schneiden. Die Erdnüsse grob hacken. Für das Dressing Rapsöl mit Weißweinessig, Sojasoße und Honig mischen.

3. Sprossen, Möhre und Gurke mit dem Dressing in eine Schüssel geben, mischen und mit den gehackten Erdnüssen bestreuen.

### SPROSSENINFO

Sprossen sind lecker. Zwar sind sie keine Wundermittel (man müsste schon extrem viele davon essen!), aber sie sind eine gesunde Ergänzung für den Speiseplan. Sprossen kann man aus allen möglichen Getreide- und auch Gemüse-samen ziehen. Sie schmecken von herb bis leicht bitter, nussig und scharf und von mild bis leicht süßlich, je nachdem, welche Saat man wählt. Und außerdem: Sprossen enthalten viele sehr gesunde Inhaltsstoffe. Ein einfacher Samen hat weniger Nährwerte als ein Keimling, denn während des Keim-vorgangs werden Inhaltsstoffe ab-, um- und aufgebaut.

# Mediterraner Quinoasalat

## mit Mango

 **ZUBEREITUNG:** 30 Min. + 30 Min. Ziehen | **FÜR 2 PERSONEN**

**ZUTATEN**

| | | |
|---|---|---|
| 80 g Quinoa | 20 g Rucola | Salz |
| 2 EL Pesto | 2 EL Pinienkerne | Pfeffer, frisch gemahlen |
| 150 g Cocktailtomaten | 125 g Mini-Mozzarellakugeln | |
| ½ Mango | 1 EL Rotweinessig | |

1. Quinoa kalt abbrausen, mit der doppelten Menge Wasser (etwa 160 ml) in einem Topf aufkochen und zugedeckt bei niedriger Hitze etwa 15 Minuten köcheln lassen. Herd ausschalten und die Quinoa weitere 10 Minuten ausquellen lassen. Anschließend das Pesto unterheben.

2. Inzwischen die Tomaten waschen und eventuell halbieren. Die Mango schälen, das Fruchtfleisch vom Kern schneiden und in kleine Stücke schneiden. Rucola verlesen, waschen und grob hacken. Die Pinienkerne ohne Fett in einer Pfanne rösten, bis sie duften, dann herausnehmen und beiseitestellen.

3. Quinoa mit Tomaten, Mango, Rucola, Pinienkernen und Mozzarellakugeln vermengen, den Rotweinessig zugeben und mit Salz und Pfeffer würzen. Gut durchmischen und nach Möglichkeit einige Zeit ziehen lassen.

# Kichernder Gerstensalat

## knackig und minzig frisch

---

 **ZUBEREITUNG:** 40 Min. + 2 Std. Einweichen |  **FÜR 2 PERSONEN**

---

**ZUTATEN**

80 g Nacktgerste
150 ml Gemüsebrühe
1 Dose Kichererbsen (240 g
    Abtropfgewicht)
1 Avocado
½ Fenchelknolle

1 kleiner Apfel
4 Radieschen
2 Stängel Minze
4 EL Zitronensaft
2 EL Olivenöl
1 TL Honig

1 EL Sesamsamen
1 kleines Stück Ingwer
Salz
Pfeffer, frisch gemahlen

---

1. Die Gerste in 200 ml Wasser etwa 2 Stunden einweichen. Anschließend abgießen und in der Gemüsebrühe ungefähr 35 Minuten weich garen.

2. Inzwischen die Kichererbsen abgießen und gut abtropfen lassen. Die Avocado halbieren, den Stein entfernen, das Fruchtfleisch in der Schale in Würfel schneiden und anschließend die Stücke mit einem Löffel herauslösen. Den Fenchel putzen, waschen und in feine Scheiben hobeln. Den Apfel waschen, halbieren, vierteln und das Kerngehäuse entfernen. Die Apfelviertel in sehr feine Scheiben schneiden. Die Radieschen putzen, waschen und ebenfalls in sehr feine Scheiben hobeln.

3. Für das Dressing die Minze waschen, trocken schütteln und fein hacken. Zitronensaft mit Olivenöl, Honig und Sesam mischen, den Ingwer schälen und durch die Knoblauchpresse dazudrücken, Minze zugeben und gut vermengen, mit Salz und Pfeffer würzen. Dann alle Zutaten in eine Schüssel geben, mit dem Dressing übergießen und sorgfältig mischen.

# Hafer
## Avena sativa

gehört zur Familie der **SÜSSGRÄSER** | **GESCHMACK:** mild-nussig, leicht süßlich

 **HERKUNFT, ANBAU UND NUTZUNG**

❧ ursprünglich aus der nördlichen Schwarzmeerregion oder Asien (als Unkraut zwischen anderen Getreidearten)

❧ heute Anbau in Nord- und Mitteleuropa, von Nordwestafrika über Spanien über den Mittelmeerraum bis nach Vorderasien, in Russland und Nordamerika

❧ auch als Tierfutter und in der Medizin (als Haferextrakt) genutzt

 ## Tolles Korn

Hafer ist ein vielfältiges Rispenkorn, das uns mit seinem hohen Energiegehalt einen guten Start in den Tag mit einem lang anhaltenden Sättigungsgefühl bereitet. Neben vielen wichtigen Nähr- und Vitalstoffen kann der Hafer vor allem mit dem wertvollen Ballaststoff Beta-Glucan punkten. Dadurch lässt sich mit dem Verzehr von Hafer sowohl der Cholesterin- wie auch der Blutzuckerspiegel nachweislich regulieren. Mit seinen heilsamen Schleimstoffen war er schon für Hildegard von Bingen ein wichtiges Heilmittel „für Gesunde und Kränkelnde", das den Darm vor Reizungen schützt.

Übrigens: Das Gluten im Hafer ist geringfügig anders als z. B. das in Weizen oder Roggen. Daher vertragen einige Zöliakiebetroffene den extra deklarierten glutenfreien Hafer.

 ## AUF DEN TELLERN DER WELT

❧ Overnight Oats (USA)
❧ Porridge (England)
❧ Bircher Müesli (Schweiz)
❧ Haferschleim (Deutschland)

# Körner und ihre Verwendung

Flocken (zart und grob), Schmelzflocken, Haferdrink, Haferkleie, ganze Körner, Grieß, Schrot und Sprossen – in diesen Formen kennen die meisten von uns Hafer:

- Flocken – die Haferkörner werden zur Herstellung zarter und grober Haferflocken nur entspelzt und nicht geschält. Das macht sie ernährungsphysiologisch so wertvoll. Allerdings gehen beim Dämpfen, Rollen und Pressen des Hafers Nährstoffe verloren. Wer zur eigenen Flockenquetsche greift, hat das volle Nährstoffprogramm in der Schüssel.

- Schrot – Hafer sollte möglichst frisch vor dem Verzehr geschrotet werden, da die enthaltenen Fettsäuren schnell ranzig werden.

- Sprossen – zum Sprossenziehen sollten Samen vom Nackthafer verwendet werden, da hier der Keimling unbeschädigt ist.

### ⓘ WIE INTERESSANT

Wer sich gern ein Frischkornmüsli zubereitet, sollte darauf achten, dass die Einweichzeit 30 Minuten nicht merklich überschreitet, da sonst die enthaltenen Fette des frisch geschroteten Korns oxidieren und bitter werden. Für Veggies wichtig: Hafer in Kombination mit Milchprodukten versorgt sie optimal mit Eiweiß.

## 💡 WISSENSECKE

Eine vollwertige Getreidebeilage zu Fleisch und Fisch braucht ein wenig Vorlauf: Ganze, hartschalige Getreidekörner solltest du vor dem Kochen einweichen. Dazu gibst du das Getreide in einen Topf mit der zwei- bis zweieinhalbfachen Menge Wasser und lässt es am besten über Nacht quellen. Am nächsten Morgen je nach Getreideart 30–40 Minuten kochen und auf der ausgeschalteten Herdplatte nachquellen lassen. Wichtig: Erst nach dem Garen salzen, sonst könnten die Körner hart bleiben! Auch auf Vorrat lassen sich Körner gut zubereiten, denn gekocht halten sie sich im Kühlschrank einige Tage. Es gibt auch Getreidearten und -formen, die schnell garen und keine Einweichzeit benötigen: Amarant, Buchweizen, Hirse und Quinoa sowie Bulgur, Couscous oder Getreideschrot sind, je nach Sorte, in etwa 5–20 Minuten zubereitet. Sie eignen sich nicht nur als Beilage, sondern auch als Füllung, Bratling oder Salat.

# Grünkern-Kartoffel-Aufstrich

## herzhaft gewürzt

 **ZUBEREITUNG:** 5 Min. + 2 Std. Einweichen |  **FÜR 2 PERSONEN**

**ZUTATEN**

150 ml Gemüsebrühe
60 g Grünkernschrot
1 große Kartoffel (ca. 100 g),
   am Vortag gekocht

1 Frühlingszwiebel
1 Knoblauchzehe
3 Stängel Petersilie
30 g Bergkäse, gerieben

Salz
Pfeffer, frisch gemahlen

1. Die Brühe erhitzen und den Grünkernschrot hineingeben. Beiseitestellen und etwa 2 Stunden quellen lassen.

2. Die Kartoffel schälen und mit einer Gabel zerdrücken. Die Frühlingszwiebel putzen, waschen und in feine Ringe schneiden. Knoblauch schälen und sehr fein hacken. Petersilie waschen, trocken schütteln und die Blättchen ebenfalls fein hacken.

3. Grünkernschrot mit den restlichen Zutaten sorgfältig mischen und mit Salz und Pfeffer würzen.

### RESTEVERWERTUNG

Dieser Aufstrich ist eine perfekte Resteverwertung. Vielleicht hast du ja noch etwas Grünkern vom Vortag übrig und auch eine gekochte Kartoffel bleibt gerne mal als Rest ... Du kannst diesen Aufstrich auch ohne Bergkäse zubereiten und stattdessen etwas Currypulver, Kreuzkümmel, 2 gehackte Datteln und 2 EL Naturjoghurt untermischen und schon hast du einen leckeren indisch-würzigen Brotaufstrich.

# Haferaufstrich

## mit Schinken

 **ZUBEREITUNG:** 20 Min.  |  **FÜR 2 PERSONEN**

**ZUTATEN**

| | | |
|---|---|---|
| 1 Schalotte | 50 g Haferschrot (oder | 70 g Schmand |
| 1 kleines Stück | 6-Korn-Schrot) | 1 TL Fenchelsamen |
| Sellerieknolle (ca. 100 g) | 150 ml Gemüsebrühe | 1 TL Senf |
| 1 TL Olivenöl | 30 g Südtiroler Schinken | Salz |
| | ½ Bund Schnittlauch | Pfeffer, frisch gemahlen |

1. Die Schalotte schälen und fein würfeln. Den Sellerie ebenfalls schälen und in kleine Stücke schneiden. Das Öl in einem kleinen Topf erhitzen und Schalotte und Sellerie darin anschwitzen. Haferschrot und die Brühe zugeben und bei niedriger Hitze zugedeckt etwa 5 Minuten köcheln lassen. Dann den Herd ausschalten und den Schrot weitere 5 Minuten nachquellen lassen.

2. Den Südtiroler Schinken in feine Streifen schneiden. Den Schnittlauch waschen, trocken schütteln und in feine Röllchen schneiden. Den Schmand mit Fenchelsamen und Senf zum Schrot geben und alles mit dem Pürierstab nach Belieben stückig oder fein pürieren. Schinken und Schnittlauch unterrühren und mit Salz und Pfeffer würzen.

# Hirse-Mais-Aufstrich

## köstlich mediterran

---

 **ZUBEREITUNG:** 10 Min.   |   **FÜR 2 PERSONEN**

---

**ZUTATEN**

| | | |
|---|---|---|
| 3 EL Hirseflocken | 1 Zweig Rosmarin | 2 EL Kapern |
| 3 getrocknete Tomaten | 1 kleine Dose Mais (140 g | Salz |
| 1 Stängel Salbei | Abtropfgewicht) | Cayennepfeffer |

---

1. Die Hirseflocken in 3 EL heißem Wasser einweichen und etwa 5 Minuten quellen lassen.

2. Inzwischen die Tomaten klein schneiden. Salbei und Rosmarin waschen und trocken schütteln. Dann die Blättchen bzw. Nadeln zusammen fein hacken.

3. Den Mais abgießen und zu den Hirseflocken geben. Beides mit dem Pürierstab fein pürieren. Getrocknete Tomaten, Rosmarin und Salbei hinzugeben, Kapern untermischen und mit Salz und Cayennepfeffer würzen.

# WARMES AUS PFANNE, TOPF UND OFEN

# Gefüllte Paprika

## mit Gurkenquark

 **ZUBEREITUNG:** 1 Std. | **FÜR 2 PERSONEN**

**ZUTATEN**

| | | |
|---|---|---|
| 1 Zwiebel | 30 g Rucola | ½ Bio-Salatgurke |
| 2 EL Olivenöl | 30 g getrocknete Tomaten | 250 g Quark |
| 100 ml Tomatensaft | 3 EL Oliven (ohne Stein) | 1 TL Senf |
| 80 g Bulgur | 300 g passierte Tomaten | 1 EL Essig |
| je 1 rote und gelbe | 1 TL Ahornsirup | Salz |
| Paprikaschote | ½ TL Pul Biber | Pfeffer |

1. Die Zwiebel schälen und fein würfeln. 1 EL Öl in einem kleinen Topf erhitzen und die Zwiebel darin 2 Minuten andünsten. Den Tomatensaft und 100 ml Wasser zugeben und aufkochen. Den Bulgur einrühren und bei niedriger Hitze zugedeckt etwa 10 Minuten quellen lassen.

2. Inzwischen die Paprikaschoten längs halbieren, putzen, vom Kerngehäuse befreien und waschen. Den Rucola verlesen, waschen und grob hacken. Die getrockneten Tomaten grob klein schneiden und die Oliven halbieren.

3. Den Backofen auf 190 °C vorheizen. Die passierten Tomaten mit Ahornsirup verrühren und in die Form geben. Rucola, getrockneten Tomaten und Pul Biber unter den gegarten Bulgur heben, mit Salz und Pfeffer würzen. Bulgur in die Paprikahälften füllen und diese in die Tomatensoße setzen. Die Form in den heißen Ofen geben und die Paprika in etwa 30 Minuten weich garen.

4. Inzwischen die Gurke waschen, grob raspeln und mit etwas Salz mischen. Den Quark mit Senf, Essig und restlichem Olivenöl glatt rühren, die Gurke untermischen und mit Salz und Pfeffer würzen. Die fertigen Paprikaschoten mit der Tomatensoße und dem Gurkenquark servieren.

# Hirse-Spitzkohl-Lasagne

## mit Garnelen

 **ZUBEREITUNG:** 30 Min. + 30 Min. Backzeit |  **FÜR 2 PERSONEN**

**ZUTATEN**

1 Zwiebel
1 Knoblauchzehe
1 Möhre
1 EL Olivenöl
100 g Hirse
½ TL gemahlene Kurkuma

200 ml Gemüsebrühe
200 g Spitzkohl
70 g Manchego
100 g Garnelen (geschält und gegart)
80 g Ziegenfrischkäse

1 Ei (Größe M)
Salz
Pfeffer, frisch gemahlen
Fett für die Form

1. Zwiebel und Knoblauch schälen und fein würfeln. Die Möhre ebenfalls schälen und grob raspeln. Olivenöl in einem Topf erhitzen, Zwiebel und Knoblauch darin kurz anbraten, Möhre dazugeben und 2–3 Minuten andünsten. Die Hirse kalt abbrausen, mit Kurkuma und der Gemüsebrühe zugeben, aufkochen und alles zugedeckt bei niedriger Hitze 10 Minuten köcheln lassen. Den Herd ausschalten und etwa 10 Minuten ausquellen lassen.

2. Inzwischen den Spitzkohl putzen, waschen und in mundgerechte Stücke schneiden. Den Manchego grob raspeln und die Garnelen in einem Sieb kalt abbrausen und abtropfen lassen.

3. Den Backofen auf 200 °C vorheizen und eine Auflaufform einfetten. Die Hälfte des Spitzkohls in der Form verteilen. Etwa ein Drittel vom Manchego daraufgeben, mit Salz und Pfeffer würzen und die Hälfte der Hirse darauf verteilen. Mit den Garnelen belegen und darauf den restlichen Spitzkohl, das zweite Drittel Manchego und die übrige Hirse geben. Erneut salzen und pfeffern. Den Frischkäse mit dem Ei verquirlen, mit Salz und Pfeffer würzen und auf der Hirseschicht verteilen. Zuletzt den restlichen Manchego darüberstreuen und im heißen Ofen etwa 30 Minuten backen, bis die Kruste schön goldgelb ist.

WARMES AUS PFANNE, TOPF UND OFEN

# Hirse

## Panicum miliaceum und Setaria italica

gehört zur Familie der **SÜSSGRÄSER**
**GESCHMACK:** leicht nussig |  **GLUTENFREI**

### 🌍 HERKUNFT, ANBAU UND NUTZUNG

❧ ursprünglich wohl aus Asien und Ostafrika

❧ wird in tropischen und subtropischen Gebieten angebaut, Asien und Afrika produzieren rund 90 % der Welternte

❧ in Entwicklungsländern wichtiges Grundnahrungsmittel, in Europa und USA auch als Tierfutter genutzt

##  Tolles Korn

Hirse ist in Teilen Asiens und Afrikas Hauptnahrungsmittel und zeigt schon mit ihrem Namen, der aus dem Indogermanischen stammt, dass viel in ihr steckt: Er bedeutet „Nahrhaftigkeit". Hirse gilt als leicht verdaulich, schnell und lang anhaltend sättigend, antiallergen, kalorienarm, gesund, vielseitig, bekömmlich und nicht schleimbildend. Sie sorgt mit ihrem Mineralstoff- und Vitaminreichtum für Gesundheit – und für die Schönheit von Haaren, Haut und Nägeln. Allerdings finden sich Phytin- und Oxalsäure in den Hirse-Randschichten, weswegen von einem Verzehr des vollen Korns abgeraten wird. Anders als bei den anderen Getreidearten sind die wertvollen Inhaltsstoffe aber nicht nur in den Randschichten, sondern im ganzen Korn enthalten.

###  AUF DEN TELLERN DER WELT

❧ Faffa (Porridge-ähnlicher Brei, Äthiopien)
❧ Maotai (Hirseschnaps, China)
❧ Injera (Teff-Fladenbrot, Äthiopien)

# Körner und ihre Verwendung

Mehl, Flocken, Pops, ganze Körner, Bier (und andere Alkoholika) – bei uns findet meistens die Goldhirse Verwendung. Daneben gibt es unter anderem auch Teff, die sogenannte Zwerghirse (Eragrostis abyssinica), und Sorghum, Sorghumhirse (Sorghum vulgare):

❧ Mehl – Hirsemehl ist, wie auch das Teffmehl, ein guter glutenfreier Mehlersatz, der unkompliziert und vielseitig einsetzbar ist. Es sollte jedoch möglichst frisch gemahlen werden, da es schnell ranzig werden kann.

❧ Ganze Körner – sie sollten unbedingt vor dem Kochen gründlich gewaschen werden. Einweichen ist dagegen nicht nötig, die kleinen Körnchen garen rasch und bieten sowohl süß wie auch herzhaft eine gute Grundlage für eine ausgewogene Ernährung.

❧ Bier – Hirse wird zu Malz verarbeitet und dann mit weiteren Zutaten (wie Hopfen und Wasser) zum traditionellen alkoholischen Getränk gebraut.

## ⓘ WIE INTERESSANT

Schon der Philosoph Pythagoras war von der Hirse begeistert und stärkte damit seine Gesundheit. Der Hunnenkönig Attila soll seine Gäste ausschließlich mit Hirse verköstigt haben und in China zählt Hirse zu den heiligen Pflanzen. Auch in Grimms Märchen vom süßen Brei spielt Hirse die Hauptrolle und Brautleute wurden im Mittelalter als Symbol für Wohlstand mit Hirse beworfen.

## 💡 WISSENSECKE

Wenn man mit glutenfreien Mehlen backt, kommt es auf einen effektiven Bindemittelersatz an, da das fehlende Klebereiweiß ausgeglichen werden muss. Als Binde- bzw. Verdickungsmittel stehen Chiasamen, Johannisbrotkernmehl, Xanthan Gum, Flohsamen oder auch Guarkernmehl zur Wahl. Stärke aus Mais, Kartoffeln oder Tapioka gibt dem Backwerk eine lockere Textur und eine gute Bindung.

# Asia-Omelett

## mit Schweinefilet

 **ZUBEREITUNG:** 20 Min. + 3–4 Tage Sprossenziehen  |  **FÜR 2 PERSONEN**

**ZUTATEN**

2 EL Amarant
3 Eier (Größe M)
2 EL Sojasoße
2 Frühlingszwiebeln
1 kleines Stück Ingwer

2 EL Reismehl
150 g Austernpilze
100 g Schweinefilet
1 EL Sesamöl
   (ersatzweise Olivenöl)

2 EL Sesamsamen
Salz
Pfeffer

1. Zunächst aus den Samen Sprossen ziehen (siehe auch Seite 121). Das dauert bei Amarant 3–4 Tage. Die Körner zuerst ungefähr 12 Stunden in Wasser einweichen. Dann abgießen und in ein Sprossenglas geben. Das Glas täglich mit kaltem Wasser befüllen, verschließen, schwenken und abgießen, gut abtropfen lassen (evtl. schräg stellen). Nach 3–4 Tagen sind die Sprossen fertig. Vor der Verwendung abspülen.

2. Die Eier verquirlen und mit Sojasoße mischen. Die Frühlingszwiebeln putzen, waschen und in feine Ringe schneiden. Den Ingwer schälen und durch die Knoblauchpresse zum verquirlten Ei pressen. Das Reismehl ebenfalls unter die Eimischung geben, dabei fortwährend rühren, damit sich keine Klümpchen bilden. Salzen und pfeffern. Die Austernpilze verlesen, putzen und in mundgerechte Stücke schneiden. Das Schweinefilet abspülen und in sehr feine Scheiben schneiden.

3. In einer Pfanne 1 TL Öl erhitzen und die Eimasse hineingeben, mit den Frühlingszwiebelringen bestreuen und etwa 4 Minuten bei niedriger Hitze stocken lassen. Das Omelett vorsichtig wenden und weitere 3 Minuten braten, dann aus der Pfanne nehmen und halbieren.

4. Restliches Öl in der Pfanne erhitzen und die Filetscheiben darin bei starker Hitze 2 Minuten anbraten. Die Pilze hinzugeben und bei mittlerer Hitze weitere 2 Minuten braten. In die Omeletthälften füllen, die Sprossen darübergeben, auf zwei Teller verteilen und mit Sesam bestreut servieren.

**SPROSSENTIPP**

Amarant fühlt sich auch auf Küchenkrepp ziemlich wohl … zum Sprossenzüchten kann hier ebenfalls die altbewährte „Kresse-Methode" angewendet werden – hierfür einfach einen Teller mit feuchtem Küchenkrepp (oder Watte) belegen, die eingeweichten Samen darauf verteilen und mehrmals täglich mit Wasser besprühen und leicht feucht halten.

# Gerstotto

## mit Wurzelgemüse und Kräuteröl

 **ZUBEREITUNG:** 50 Min. + ca. 2 Std. Einweichen |  **FÜR 2 PERSONEN**

**ZUTATEN**

100 g Nacktgerste
1 Zwiebel
2 Knoblauchzehen
2 kleine Möhren
150 g Knollensellerie

1 Chioggia-Rübe,
   nach Belieben
1 Petersilienwurzel
1 kleiner Apfel
4 EL Olivenöl
300–350 ml Gemüsebrühe

½ Bund Petersilie
1 Stängel Salbei
1 EL Zitronensaft
Salz
Pfeffer, frisch gemahlen

1. Die Gerste in 200 ml Wasser ungefähr 2 Stunden einweichen, dann abgießen und abtropfen lassen.

2. Die Zwiebel schälen und in Scheiben schneiden, 1 Knoblauchzehe schälen und fein hacken. Die Möhren, Sellerie, Chioggia-Rübe und Petersilienwurzel schälen und in feine Würfelchen schneiden. Den Apfel waschen und halbieren, vierteln und vom Kerngehäuse befreien, ebenfalls in Würfel schneiden.

3. 1 EL Öl in einem Topf erhitzen, Zwiebel und Knoblauchwürfel darin anbraten. Gerste und Gemüse und zugeben und etwa 2 Minuten anrösten. Mit etwas Brühe ablöschen. Sobald die Gerste die Brühe aufgenommen hat, wieder etwas Brühe nachgießen. Die Gerste in ungefähr 35 Minuten gar kochen. 10 Minuten vor Ende der Kochzeit den Apfel zugeben und mitkochen.

4. Inzwischen Petersilie und Salbei waschen, trocken schütteln und die Blättchen mit Zitronensaft, restlichem Knoblauch und übrigem Olivenöl mit dem Pürierstab fein pürieren, salzen und pfeffern. Den Gerstotto auf zwei Teller verteilen, mit dem Kräuteröl beträufeln und servieren.

# Reispuffer
## mit Minzjoghurt und Ajvar-Gemüse

 **ZUBEREITUNG:** 1 Std.  |  ¶¶ **FÜR 2 PERSONEN**

**ZUTATEN**

| | | |
|---|---|---|
| 100 g Naturreis | 150 g Joghurt | 2 Eier (Größe M) |
| 3 Frühlingszwiebeln | 3 EL Olivenöl | 2 EL Ajvar |
| 1 Zucchini | 1–2 TL gemahlener | ½ TL rosenscharfes |
| ½ rote Paprikaschote |    Kreuzkümmel |    Paprikapulver |
| 2 Tomaten | 50 g Mozzarella | Salz |
| 2 Stängel frische Minze | 3 EL Haferflocken | Pfeffer, frisch gemahlen |

**1.** Den Naturreis nach Packungsangabe in der doppelten Menge Wasser garen, ausquellen und dann etwas abkühlen lassen.

**2.** Inzwischen die Frühlingszwiebeln putzen, waschen und in feine Ringe schneiden. Zucchini, Paprika und Tomaten ebenfalls waschen und putzen, den Stielansatz bei den Tomaten entfernen und das Gemüse in mundgerechte Stücke schneiden. Die Minze waschen, trocken schütteln und die Blättchen fein hacken. Joghurt, Minze, etwas Salz, 1 EL Olivenöl und ein wenig von dem Kreuzkümmel vermischen. Den Mozzarella in kleine Würfel schneiden.

**3.** Ein Drittel der Frühlingszwiebelringe, den Mozzarella, Haferflocken, Eier und den restlichen Kreuzkümmel unter den Reis heben und sorgfältig vermischen, mit Salz und Pfeffer würzen. Aus der Reismasse Puffer formen. Dann in einer Pfanne 1 EL Öl erhitzen und die Puffer bei mittlerer Hitze etwa 3 Minuten von jeder Seite braten. Die fertigen Puffer bis zum Verzehr warm halten.

**4.** Für das Ajvar-Gemüse nun das restliche Öl in einem Topf erhitzen, übrige Frühlingszwiebeln darin 3 Minuten anbraten, das Gemüse zugeben und 3–4 Minuten mitbraten. Dann 2 EL Wasser, Ajvar und Paprikapulver zugeben, unterrühren und das Gemüse 4–5 Minuten zugedeckt bei mittlerer bis niedriger Hitze garen. Mit dem Minzjoghurt und den Reispuffern servieren.

**RESTETIPP**

Wer noch ungefähr 300 g Reis vom Vortag übrig hat, kann mit diesem Rezept ein schnelles und leckeres Resteessen zubereiten.

WARMES AUS PFANNE, TOPF UND OFEN

# Mais

## Zea-mays

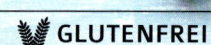

gehört zur Familie der **SÜSSGRÄSER**  |  **GESCHMACK:** leicht nussig, kräftig  |  🌾 **GLUTENFREI**

🌍 **HERKUNFT, ANBAU UND NUTZUNG**

❧ stammt ursprünglich aus Mexiko, Kolumbus brachte ihn nach Europa

❧ weltweit die am meisten angebaute Getreideart

❧ vor allem auch als Futtermittel, Öl, Stärke und zur Energiegewinnung genutzt

## 🧤 Tolles Korn

Mais ist in vielen Teilen der Erde ein Hauptnahrungsmittel, vor allem weil er nahrhaft, sättigend, leicht verdaulich und vielseitig ist. Er versorgt unseren Körper mit allen wichtigen Nährstoffen. Eine Kombination aus Mais und Bohnen ist sinnvoll, um das enthaltene Eiweiß besser verwerten zu können.

## 🍽️ AUF DEN TELLERN DER WELT

❧ Tortilla (Mexiko)
❧ Polenta (Italien)
❧ Corn on the cob (Amerika)
❧ Kukuruz (Österreich)
❧ Grits (Amerika)

# Körner und ihre Verwendung

Popcorn, Polenta, Cornflakes und Maisgemüse – in diesen Zubereitungsarten kennen die meisten von uns Mais:

❯ Popcorn – es wird aus Puffmais zubereitet, einer alten Maissorte. Die Maiskörner werden erhitzt, die Schale des Korns platzt auf und heraus tritt der innere Stärketeil, der aufquillt.

❯ Polenta – die feste oder auch breiige Polenta wird in Norditalien aus Maisgrieß hergestellt und als Beilage oder Hauptgericht serviert. Feste Polenta kann in Scheiben geschnitten und gebraten werden. Dieser Maisgrieß wird aus getrockneten Maiskörnern gewonnen.

❯ Cornflakes – weltweit findet man sie in den Frühstücksschüsseln von Kindern und Erwachsenen. Zur Herstellung werden Maiskörner traditionell zu einem Brei gekocht, der gewürzt, verfeinert, ausgewalzt und schließlich geröstet oder getrocknet wird. Allerdings ist dieses Verfahren recht zeitintensiv. Daher wird heute eher das Extruder-Verfahren angewendet, bei dem die Körner durch eine Art Fleischwolf (Extruder) in ihre Form gepresst werden. Zu verdanken haben wir diese Errungenschaft aus dem 18. Jahrhundert den Brüdern William Keith Kellog und John Harvey.

❯ Maisgemüse – frischer Zuckermais, am Kolben oder abgeschnitten, wird auf vielerlei Weise als Salat, Suppe und Gemüsebeilage zubereitet. In dieser Form denkt kaum jemand daran, dass er kein Gemüse verzehrt, sondern eine Getreideart.

---

## ⓘ WIE INTERESSANT

Neben dem klassischen gelben Mais gibt es auch rote und blaue Sorten. Sie bringen Farbe und Abwechslung auf den Teller ... denn das Auge isst schließlich mit!

---

## 💡 WISSENSECKE

Der Aufbau eines Korns ist vor allem dann interessant, wenn wir uns die Unterschiede zwischen Vollkorn- und ausgemahlenen Getreidemehlen anschauen:

❯ Ein Korn besteht aus Mehlkörper, Frucht- und Samenschalen und dem Keimling.
❯ Die Randschichten der Frucht- und Samenschalen stellen die Schutzschicht des Korns dar. Hier sitzen die wertvollen Mineralstoffe, Spurenelemente und Vitamine.
❯ Der Keimling enthält Fette, Vitamine und Eiweiß.
❯ Der Mehlkörper besteht aus Stärke und Eiweißen, hier findet sich auch das Klebereiweiß.
❯ Wird das ganze Korn vermahlen, erhält man Vollkornmehl. Wird das Korn vorher geschält, fehlen die Randschichten und der Keimling und das Mehl enthält fast ausschließlich den Mehlkörper.

# Gerstensuppe

## wärmt im Winter

 **ZUBEREITUNG:** 45 Min. + 2 Std. Einweichen | **FÜR 2 PERSONEN**

**ZUTATEN**

- 80 g Nacktgerste
- 30 g Bacon
- 1 kleine Stange Lauch
  (ca. 120 g)

- 2 EL Paprikamark
  (ersatzweise Ajvar)
- 1 TL Currypulver
- 600 ml Hühner- oder
  Rinderbrühe

- ½ rote Paprikaschote
- 2 Möhren
- 50 g Sahne
- Salz
- Cayennepfeffer

1. Die Gerste in 200 ml Wasser etwa 2 Stunden einweichen, anschließend abgießen und abtropfen lassen.

2. Den Bacon in Streifen schneiden. Lauch putzen, waschen und in dünne Ringe schneiden. Bacon in einem Topf ohne Fett auslassen, Lauch dazugeben und anrösten. Gerste und Paprikamark hinzufügen und 2 Minuten braten. Mit Currypulver bestäuben, Brühe angießen und alles zugedeckt bei niedriger Hitze etwa 25 Minuten köcheln lassen.

3. Inzwischen die Paprika putzen, waschen und in mundgerechte Stücke schneiden. Dann die Möhren schälen und in dünne Scheiben schneiden. Das Gemüse zur Gerste geben und alles weitere 10–15 Minuten köcheln lassen.

4. Nach Ende der Kochzeit die Sahne zugeben, aufkochen, mit Salz und Cayennepfeffer abschmecken und servieren.

### VEGGIE-VARIANTE

Wer keinen Bacon verwenden mag, brät die Lauchringe stattdessen in 1 EL Rapsöl an. Statt Hühner- oder Rinderbrühe kann man auch Gemüsebrühe verwenden.

# Kamut-Pasta

## mit Zitronenrosenkohl

 **ZUBEREITUNG:** 50 Min. + 2 Std. Ruhen |  **FÜR 2 PERSONEN**

**ZUTATEN**

**FÜR DEN NUDELTEIG**
- 200 g Kamutmehl (hell oder Vollkorn)
- 2 Eier (Größe M)
- Salz

**FÜR DIE SOSSE**
- 200 g Rosenkohl (ersatzweise 1 Fenchelknolle)
- ½ Bio-Zitrone
- 1 EL Olivenöl
- 3 EL Ricotta
- 1 TL Honig
- 1 TL Thymian
- frisch geriebener Parmesan, nach Belieben
- Salz
- Pfeffer, frisch gemahlen

1. Das Mehl mit den Eiern, knapp 1 TL Salz und je nach Mehlsorte ein wenig Wasser vermischen und zu einem homogenen Teig verkneten. Den Teig mindestens weitere 3 Minuten geschmeidig kneten, dann in Folie gewickelt im Kühlschrank etwa 2 Stunden ruhen lassen.

2. Für die Pasta den Teig mit dem Nudelholz oder einer Nudelmaschine und etwas Mehl sehr dünn ausrollen und nach Belieben in mundgerechte Stücke, Rauten, breite Bandnudeln, Spaghetti oder Tagliatelle schneiden. Die fertigen Nudeln gut mit Mehl bestäuben, damit sie nicht zusammenkleben.

3. Für die Soße die Rosenkohlröschen waschen, putzen und die einzelnen Blättchen voneinander lösen (außerhalb der Rosenkohl-Saison den Fenchel putzen, waschen und in sehr feine Streifen schneiden). Die Zitrone heiß abwaschen und abtrocknen. Anschließend die Schale abreiben und den Saft auspressen.

4. Die Nudeln in reichlich Salzwasser in 3–4 Minuten bissfest kochen, dann in ein Sieb abgießen und dabei etwas Kochwasser auffangen. Inzwischen das Öl in einer Pfanne erhitzen und die Rosenkohlblättchen darin 2 Minuten anbraten. Zitronenschale und -saft, Ricotta, Honig und Thymian zugeben, kurz erhitzen und mit Salz und Pfeffer würzen. Die Nudeln zur Soße in die Pfanne geben, nach Belieben noch etwas Kochflüssigkeit hinzugießen, servieren und nach Wunsch mit frisch geriebenem Parmesan bestreuen.

**BUNTTIPP**

Wer mag, kann seine Pasta auch bunt färben. Mit Safran wird Nudelteig gelb, mit Rote-Bete-Saft rot, mit Tomatenmark wird er orangerot und grüne Nudeln bekommt man mit Spinat oder sehr fein gehackter Petersilie.

**VEGANE VARIANTE**

Diesen Nudelteig kann man ganz leicht in eine vegane Variante abwandeln. Dazu die Eier durch insgesamt etwa 100 ml Wasser (bei Vollkornmehl etwas mehr) ersetzen und 1 TL Olivenöl zugeben. Für die Soße kannst du statt Ricotta eine Soja- oder Hafersahne verwenden.

# Maissuppe

## Soulfood mit Knusperpfiff

---

 **ZUBEREITUNG:** 20 Min.  |  ﹟ **FÜR 2 PERSONEN**

**ZUTATEN**
1 Schalotte
1 Knoblauchzehe
50 g Knollensellerie
1 EL Butter

300 g Mais (TK, frisch
  oder aus der Dose)
2 EL Mandelmus
500 ml Hühnerbrühe
3 Stängel Petersilie

1 Handvoll Tortilla-Chips
1 EL Limettensaft
¼ TL Cayennepfeffer
Salz
Pfeffer, frisch gemahlen

---

1. Schalotte und Knoblauch schälen und fein hacken. Den Knollensellerie ebenfalls schälen und fein würfeln. Die Butter in einem Topf erhitzen und Schalotte, Knoblauch und Sellerie darin bei mittlerer Hitze 4 Minuten andünsten. Den Mais abgießen, abtropfen lassen, dazugeben und kurz mitrösten. Mandelmus und Brühe dazugeben, aufkochen und zugedeckt bei niedriger Hitze etwa 10 Minuten köcheln lassen.

2. Inzwischen die Petersilie waschen, trocken schütteln und die Blättchen fein hacken. Die Chips in einen Gefrierbeutel geben und mit dem Nudelholz darüberrollen, um sie zu zerbröseln. Petersilie und Brösel mischen. Limettensaft und Cayennepfeffer zur Suppe geben, mit dem Pürierstab fein pürieren und mit Salz und Pfeffer würzen. Mit den Petersilienbröseln bestreuen und sofort servieren.

WARMES AUS PFANNE, TOPF UND OFEN

# Quinoa

## Chenopodium quinoa

gehört zur Familie der **FUCHSSCHWANZGEWÄCHSE** – zählt zu den Pseudogetreiden
**GESCHMACK:** aromatisch bis leicht nussig |  **GLUTENFREI**

 **HERKUNFT, ANBAU UND NUTZUNG**

❧ ursprünglich in Höhenlagen der Anden angebaut –
wichtig: Beim Kauf auf fairen Handel achten

❧ heutzutage gibt es auch Anbau zu Versuchszwecken in Mitteleuropa

❧ auch zur Herstellung von glutenfreiem Bier genutzt

## 👍 Tolles Korn

Quinoa ist in Südamerika ein Grundnahrungsmittel. Doch in unseren Töpfen sind die kleinen, stecknadelkopfgroßen Samen erst seit kurzer Zeit zu finden, denn das „Gold der Inkas" war in der westlichen Welt lange unbekannt. Heute schätzen vor allem Vegetarier und Veganer sowie Zöliakiebetroffene dieses glutenfreie Korn. Es ist leicht zuzubereiten und besonders vielseitig einsetzbar, schmeckt sowohl süß wie auch herzhaft zubereitet. Quinoa ist kalorienarm, trotzdem nährstoffreich und enthält alle essenziellen Aminosäuren, darunter auch Lysin, einen Eiweißbaustein, der für Vegetarier und Veganer nicht so leicht verfügbar ist. Die komplexen Kohlenhydrate von Quinoa sind vom Körper gut verwertbar und heben den Blutzuckerspiegel nur moderat an.

## 🍽 AUF DEN TELLERN DER WELT

❧ Chicha (alkoholisches Getränk, Mexiko)
❧ Suppe und Salat aus Quinoa (Peru)
❧ Quinoabällchen (Süßspeise, Ecuador)

# Körner und ihre Verwendung

Grüne Blätter, Flocken, Mehl, Schrot, ganze Körner, Flakes, Pops – in diesen Formen kennen die meisten von uns Quinoa:

❧ Grüne Blätter – wer an die jungen grünen Blättchen der Quinoapflanze kommen kann, sollte zugreifen: Sie können sowohl als Salat wie auch leicht gedünstet als Gemüse verzehrt werden und liefern eine Extraportion Mineralstoffe.

❧ Mehl – fein zu Mehl vermahlene Quinoakörner werden zu Brot, zu kleinen Küchlein oder Pfannkuchen verbacken.

❧ Ganze Körner – Quinoa kommt in bunten Farben auf den Teller, von Weiß über Gelb bis hin zu Rotbraun. Vor der Zubereitung sollte Quinoa unbedingt unter fließendem Wasser gewaschen werden, um restliche Bitterstoffe zu entfernen. Wer Quinoa noch nussiger im Geschmack liebt, kann die Samen vor dem Kochen (in etwa der 2–3-fachen Menge Flüssigkeit) in etwas Öl anrösten, bis sie duften.

---

**ⓘ WIE INTERESSANT**

2013 war das Internationale Jahr der Quinoa, das die Aufmerksamkeit auch darauf lenken sollte, dass der Hunger der Welt bekämpft werden kann und muss! Denn Quinoa ist besonders stärkend und nahrhaft, vielseitig verwendbar, leicht anzubauen und damit ein wichtiges Instrument im Kampf gegen Unter- und Mangelernährung. Und das Ganze auch noch klimaschonend: Quinoa braucht zum Wachsen wenig Wasser und ist ein sehr robustes Gewächs. Auf den Anden-Hochebenen wird neben der Quinoa ein weiteres Fuchsschwanzgewächs mit winzig kleinen Samen angebaut, das der Quinoa sehr ähnelt und oftmals auch „Baby-Quinoa" genannt wird: Canihua.

---

## 💡 WISSENSECKE

Alle Getreidearten sind grundsätzlich gut lagerbar. Einzig fettreiche Arten, Mehl und sämtliche Verarbeitungsformen sollten bald verbraucht werden, da sie leicht ranzig werden können. Getreidekörner halten sich über mehrere Monate, sogar Jahre, falls sie kühl und trocken gelagert werden. Um Schädlingsbefall, beispielsweise von Mehlmotten, zu verhindern, ist die Lagerung in geschlossenen Behältern zu empfehlen. Außerdem solltest du regelmäßig deine Vorräte prüfen, damit sich nicht schon beim Kauf Tierchen einschleichen und unliebsame, weitreichende Schäden anrichten.

# Herzhafter Crumble
## mit Fenchel, Gurke und Dill

---

 **ZUBEREITUNG:** 20 Min. + 30 Min. Backzeit  |   **FÜR 4 PERSONEN**

---

**ZUTATEN**

130 g Butter
2 kleine Fenchelknollen
1 kleine Landgurke
2 Möhren

½ Bund Dill
1–2 EL Zitronensaft
3 EL Walnusskerne
150 g feine Haferflocken

100 g Dinkelmehl
½ TL Currypulver
Salz
Pfeffer, frisch gemahlen

---

1. Den Backofen auf 200 °C vorheizen. Eine Auflaufform mit etwas Butter einfetten. Den Fenchel putzen, waschen und in mundgerechte Streifen schneiden. Die Gurke schälen, halbieren, entkernen und in Scheiben schneiden. Die Möhren putzen, schälen und in schräge Scheiben schneiden. Dill waschen, trocken schütteln und die Spitzen fein hacken. Das Gemüse mit Dill, Salz, Pfeffer und Zitronensaft mischen und in die Auflaufform geben.

2. Für die Streusel die Walnusskerne fein hacken. Mit Haferflocken, Mehl, Currypulver und 1 TL Salz in einer Schüssel mischen. Die Butter in Stücken hinzugeben und alles mit den Händen zu einem krümeligen Teig verkneten. Die Streusel auf dem Gemüse verteilen und im heißen Ofen etwa 30 Minuten backen, bis das Gemüse weich und die Kruste knusprig ist.

# Blitzeintopf
## mit Tsampa

---

 **ZUBEREITUNG:** 20 Min. | **FÜR 2 PERSONEN**

---

**ZUTATEN**

100 g Wirsing
200 g Kürbisfruchtfleisch
1 kleine Zwiebel
1 EL Butter

600 ml Gemüsebrühe
3 EL Tsampa (siehe Seite 60)
100 g weiße Bohnen
  (aus der Dose)

Salz
Pfeffer, frisch gemahlen

---

1. Den Wirsing putzen, waschen und in mundgerechte Würfel schneiden. Kürbis je nach Sorte schälen oder waschen und ebenfalls klein schneiden. Die Zwiebel schälen und in feine Scheiben schneiden.

2. Die Butter in einem Topf erhitzen, Zwiebel, Wirsing und Kürbisstücke darin 2–3 Minuten anbraten. Die Brühe angießen und das Gemüse darin etwa 10 Minuten weich garen.

3. Tsampa einrühren und die Bohnen zugeben, nochmals aufkochen, mit Salz und Pfeffer würzen und servieren.

# Quinoa-Burger

## Veggie-Version für Burger-Fans

 **ZUBEREITUNG:** 45 Min. |  **FÜR 2 PERSONEN**

**ZUTATEN**

50 g Quinoa
(rot und/oder weiß)
150 ml Gemüsebrühe
1 kleine Rote Bete
(ca. 100 g)
1 Avocado

1 Tomate
1 Handvoll frische Sprossen
1 TL Senf
1 TL frisch geriebener
Meerrettich
1 Ei (Größe L)

1 EL Mehl, nach Belieben
1 EL Kokos- oder Olivenöl
4 kleine Burger-Buns
(am besten Vollkorn)
2 EL Mayonnaise
Salz

1. Quinoa kalt abbrausen, mit der Gemüsebrühe in einem Topf aufkochen und zugedeckt bei niedriger Hitze 15 Minuten köcheln lassen. Herd ausschalten und die Quinoa etwa 10 Minuten ausquellen lassen.

2. Inzwischen die Rote Bete schälen und fein reiben. Die Avocado halbieren, Kern entfernen, das Fruchtfleisch in Streifen schneiden und vorsichtig mit einem Löffel aus der Schale lösen. Tomate waschen, Stielansatz entfernen und das Fruchtfleisch in Scheiben schneiden. Die Sprossen waschen und gut abtropfen lassen. Quinoa mit Rote Bete, Senf, Meerrettich, Ei, Mehl und etwas Salz zu einer formbaren Masse mischen. Wenn nötig, noch etwas Mehl zugeben.

3. Das Öl in einer Pfanne erhitzen. Aus der Quinoamasse 4 Burger formen und bei mittlerer Hitze von jeder Seite etwa 3 Minuten braten.

4. Die Burger-Buns halbieren und nach Belieben toasten. Die unteren Hälften mit Mayonnaise bestreichen, jeweils 1 Burger auflegen, mit Avocado, Tomate und Sprossen belegen. Die obere Hälfte auflegen und sofort servieren.

## VEGANE VARIANTE

Statt Ei kannst du auch 20 g gemahlene Chiasamen unter die Quinoamasse mischen und sie dann wie beschrieben zu Burgern formen.

## VORSPEISENVARIANTE

Aus der Quinoamasse kleine Taler formen und in etwas Kokos- oder Olivenöl braten. Abkühlen lassen und mit einer Mischung aus 4 EL Ziegenfrischkäse, 1 TL Honig und 1 EL fein gehacktem kandiertem Ingwer bestreichen. Nach Belieben mit ½ getrockneten Tomate, 1 Tomatenscheibe, 1 Scheibe Roastbeef, 1 Avocadoscheibe, etwas Rucola oder ein paar Sprossen belegen.

# Reis
## Oryza sativa

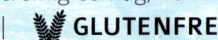

gehört zur Familie der **SÜSSGRÄSER** (es gibt ca. 8000 Reissorten)  |  **GESCHMACK UND MUNDGEFÜHL:** sehr vielfältig – von körnig bis cremig-samtig, von neutral bis aromatisch, von klebrig bis luftig-weich  |   **GLUTENFREI**

### 🌍 HERKUNFT, ANBAU UND NUTZUNG

- ursprünglich aus Asien

- angebaut in Asien und in der Poebene in Italien, Wildreis stammt aus Kanada

- vor allem als Nahrungs- und Genussmittel genutzt

##  Tolles Korn

Allgemein gilt Reis als blutdrucksenkend und stärkend, er ist auch gut zur Entwässerung des Körpers, da wenig Natrium, aber viele Mineralstoffe enthalten sind. Vor allem Naturreis (= Rohreis mit Keim ohne harte Strohhülsen), der noch das sogenannte Silberhäutchen und den Keimling hat, enthält besonders viele von den wertvollen Vitaminen und Mineralstoffen. Auch durch das Parboilen, ein besonderes Verfahren, um die Kochzeit zu verkürzen, bleiben diese erhalten. Somit ist parboiled Reis im Nährstoffgehalt ähnlich dem Naturreis, jedoch mit deutlich verkürzter Garzeit.

### 🍽️ AUF DEN TELLERN DER WELT

- Sushi (Japan)
- Sake und Mirin (alkoholische Reisgetränke, Japan)
- Risotto (Italien)
- Paella (Spanien)
- Milchreis (Deutschland)
- ... und viele weitere leckere Spezialitäten weltweit

#  Körner und ihre Verwendung

Langkorn-, Mittelkorn- und Rundkornreis – so die grundlegende Einteilung. Je nach Stärkegehalt kocht der Reis verschieden aus, von suppig über klebrig bis locker. In diesen Formen – Puffreis, Mehl, ganze Körner, Essig, Sirup und Wein – kennen die meisten von uns Reis:

❧ Mehl – Reismehl wird heutzutage viel beim glutenfreien Backen verwendet, ist aber zugleich auch Verdickungsmittel und gibt Backwaren eine knusprige Note. In Asien werden aus Reismehl Nudeln und Teigblätter zum Füllen hergestellt.

❧ Ganze Körner – die italienischen Sorten für Risotto sind Arborio, Vialone nano und Carnaroli, chinesische und japanische Sorten nennen sich Japonica-Sorten (beispielsweise Jasminreis, Duftreis und Klebreis) und aus Indien stammen die sogenannten Indica-Sorten (Basmatireis). Reis wird je nach Sorte unterschiedlich zubereitet und auch individuell gewürzt.

❧ Sirup – Reissirup ist ein alternatives Süßungsmittel aus fermentiertem Reis.

---

## ℹ️ WIE INTERESSANT

Reis, das „Getreide des Fernen Ostens", ist das am zweithäufigsten angebaute und meistgegessene Getreide der Welt. Etwa die Hälfte der Menschheit ernährt sich hauptsächlich von Reis. In Japan ist Reis Hauptbestandteil einer Mahlzeit, bei uns dagegen „nur" Beilage. Das allein zeigt, wie unterschiedlich Reis in der Welt verwendet wird: von Risotto bis Sushi, von kanadischem/indianischem Wildreis bis zu Rotem Reis aus der Camargue, von süß bis herzhaft, von Curry bis Paella.

---

##  WISSENSECKE

Reis zu kochen ist einerseits eine simple Angelegenheit, andererseits gibt es einen wahren Zubereitungsdschungel: In Asien z. B. wird Reis zumeist in speziellen Reiskochern gegart oder in Bambuskörbchen über heißem Wasserdampf gedämpft. Bei uns ist die Quellreis-Methode verbreitet. Sie ist schonend und nährstofferhaltend, da das komplette Kochwasser vom Reis aufgenommen wird. Hierfür wird der Reis mit der 1,5–2-fachen Menge Wasser zum Kochen gebracht und bei mittlerer Hitze etwa 15 Minuten (je nach Reissorte) gegart. Anschließend bei ausgeschaltetem Herd nachquellen lassen. Risottoreis verlangt nach einer weiteren Zubereitungsvariante: Zwiebelwürfel in Butter bzw. Öl anbraten, den Reis kurz mitbraten, dann mit wenig Flüssigkeit ablöschen. Warten, bis die Brühe aufgenommen ist, und immer dann weitere Brühe nachgießen, wenn die bisherige eingekocht ist (insgesamt braucht man etwa dreimal so viel Flüssigkeit wie Reis). Dabei ständig umrühren.

# Buchweizen-Pfannkuchen

## gefüllt und überbacken

---

 **ZUBEREITUNG:** 50 Min. + 20 Min. Backzeit |  **FÜR 2 PERSONEN**

---

**ZUTATEN**

| | | |
|---|---|---|
| 120 g Buchweizenmehl | (ersatzweise Champignons) | 2 EL Pesto |
| 1 Ei (Größe L) | 1 rote Zwiebel | 2 EL Pinienkerne |
| 300 ml Mineralwasser | 1 Knoblauchzehe | Salz |
| 1–2 EL Rapsöl | 100 g Ziegenfrischkäse | Pfeffer, frisch gemahlen |
| 100 g Spinat (TK oder frisch) | 20 g geriebener Parmesan | |
| 100 g Kräuterseitlinge | 125 g Mozzarella | |

---

1. Für die Pfannkuchen das Buchweizenmehl mit dem Ei, Mineralwasser und 1 Prise Salz verrühren und kurz quellen lassen. 1 TL Rapsöl in einer Pfanne erhitzen und aus dem Teig portionsweise 6 Pfannkuchen ausbacken, die fertigen Pfannkuchen warm halten.

2. Den Spinat auftauen oder putzen und waschen. Die Kräuterseitlinge putzen und je nach Größe in mundgerechte Stücke schneiden. Zwiebel und Knoblauchzehe schälen. Zwiebel in feine Scheiben schneiden, Knoblauch fein hacken. Das restliche Öl in einer Pfanne erhitzen, Zwiebel und Knoblauch darin andünsten, die Pilze zugeben und bei starker Hitze etwa 3 Minuten braten. Spinat dazugeben und 2 Minuten zusammenfallen lassen. Den Herd ausschalten. Frischkäse und Parmesan zu Spinat und Pilzen geben, untermischen und mit Salz und Pfeffer würzen.

3. Den Backofen auf 180 °C vorheizen und eine Auflaufform etwas einfetten. Die Pfannkuchen mit der Pilzmasse füllen, die Seiten einschlagen und mit der Nahtstelle nach unten in die Form schichten. Den Mozzarella in Würfel schneiden, mit dem Pesto mischen und auf den Pfannkuchenpäckchen verteilen, mit Pinienkernen bestreuen und im heißen Ofen 15–20 Minuten überbacken.

# Reis-Bowl

## mit Tofu-Kräuter-Salat

---

 **ZUBEREITUNG:** 45 Min. | ⟨⟨⟨ **FÜR 4 PERSONEN**

---

**ZUTATEN**

| | | |
|---|---|---|
| 1 Zwiebel | 200 g Tofu | 2 EL Joghurt |
| 1 Knoblauchzehe | ¼ rote Paprikaschote | 50 g Zuckerschoten |
| 4 EL Mandeln | 1 Bund gemischte Kräuter | 100 g bunte Datteltomaten |
| 3 EL Olivenöl | 1 EL Zitronensaft | 20 g getrocknete Tomaten |
| 200 g Naturreis | 1 EL Rotweinessig | Salz |
| 1 TL edelsüßes Paprikapulver | 1 TL Honig | Pfeffer, frisch gemahlen |
| 400 ml Gemüsebrühe | 2 EL Pesto | |

---

1. Zwiebel und Knoblauchzehe schälen, halbieren und fein würfeln. Die Mandeln grob hacken. 1 EL Öl in einem Topf erhitzen, Zwiebel und Knoblauch darin bei mittlerer bis starker Hitze 2 Minuten anbraten und weitere 2 Minuten glasig dünsten. Reis, die Hälfte der Mandeln und Paprikapulver zugeben, kurz mitbraten, dann mit der Gemüsebrühe ablöschen, aufkochen und zugedeckt bei niedriger Hitze 30–35 Minuten garen. Dann den Herd ausschalten und zugedeckt weitere 5–10 Minuten ausquellen lassen.

2. Inzwischen den Tofu in kleine Würfel schneiden. Von der Paprikaschote die weißen Trennwände und Kerne entfernen, die Paprika waschen und in kleine Würfel schneiden. Kräuter waschen, trocken schütteln und fein hacken. Tofu mit Paprikawürfeln und Kräutern mischen. Aus 1 EL Öl, Zitronensaft, Essig und Honig ein Dressing verquirlen, mit Salz und Pfeffer würzen und unter den Tofusalat mischen. Pesto mit Joghurt und restlichem Öl mischen, salzen und pfeffern und beiseitestellen.

3. Zuckerschoten waschen, putzen und in grobe Streifen schneiden. Die Datteltomaten waschen und gegebenenfalls halbieren. Getrocknete Tomaten in Würfel schneiden und mit den frischen Tomaten mischen. Zum Anrichten den Reis in die Schüsseln geben, darauf den Tofusalat, Zuckerschoten und Tomaten geben, mit Mandeln bestreuen und mit dem Pestodressing nach Belieben beträufeln.

# BACKEN –
# BROTE UND
# KUCHEN

◆◆◆          ◆◆◆

# Dunkles Roggenbrot

## würzig mit Sauerteig

🕐 **ZUBEREITUNG:** 10 Min. + 2–3 Std. Gehen + 1 Std. Backzeit | 🍴 **FÜR 1 BROT** (ca. 1,5 kg)

**ZUTATEN**

1 Würfel Hefe
1 EL Honig
300 g Dinkelvollkornmehl
300 g Roggenvollkornmehl

200 g Kartoffeln (am Vortag gekocht)
75 g flüssiger Roggensauerteig (fertig, im Beutel)

1 TL Brotgewürz
Salz

1. Aus 200 ml lauwarmem Wasser, Hefe, Honig, je 50 g Dinkel- und Roggenmehl und 1 TL Salz einen Vorteig anrühren und ungefähr 10 Minuten gehen lassen. Das restliche Mehl und gut 200 ml Wasser hinzugeben, die Kartoffeln mit einer Gabel zerdrücken und ebenfalls hinzufügen. Sauerteig und Brotgewürz dazugeben, alles zu einem homogenen Teig vermischen und 3–4 Minuten kräftig kneten. Den Teig in eine Schüssel geben, mit Mehl bestäuben und 1–2 Stunden gehen lassen, bis sich das Volumen verdoppelt hat.

2. Den Teig in eine gefettete Kastenform geben und erneut 30 Minuten gehen lassen. Ungefähr 10 Minuten vor Ende der Gehzeit den Backofen auf 200 °C vorheizen und eine ofenfeste Schale mit Wasser hineinstellen. Das Brot im heißen Ofen (Mitte) 50–60 Minuten backen. Vor dem Anschneiden abkühlen lassen.

# Leichtes Joghurt-Brot

## locker mit Hefe

---

 **ZUBEREITUNG:** 15 Min. + 45 Min. Backzeit |  **FÜR 1 RUNDES BROT** (ca. 1 kg)

---

**ZUTATEN**

30 g Hefe
1 TL Agavendicksaft
 (ersatzweise Rohrohrzucker)
500 g Dinkelvollkornmehl

150 g Teffmehl
150 g Joghurt
4 EL Sonnenblumenkerne
Hirsesamen und/oder

Sonnenblumenkerne,
 nach Belieben
Salz

---

1. Aus 350 ml lauwarmem Wasser, Hefe, Agavendicksaft, 50 g Dinkel-mehl und 1 TL Salz einen Vorteig anrühren und etwa 10 Minuten gehen lassen. Restliches Dinkelmehl, Teffmehl, Joghurt und Sonnen-blumenkerne zugeben, alles zu einem homogenen Teig vermischen und 3–4 Minuten kräftig kneten.

2. Den Backofen auf 220 °C einschalten. Ein Backblech mit Back-papier belegen, den Teig daraufgeben, nach Belieben mit Hirse und/oder Sonnenblumenkernen bestreuen und die Ecken des Backpa-piers über dem Teig zusammendrehen. In den kalten Ofen geben und in etwa 40–45 Minuten zu einem goldgelben Brot backen.

# Fladenbrot

## ein Teig, zwei Brote

---

🕐 **ZUBEREITUNG:** 20 Min. + 2 Std. Gehen + 25 Min. Backzeit | 🍴 **FÜR 1 GROSSES ODER 2 KLEINE BROTE**

---

**ZUTATEN**
½ Würfel Hefe
1 EL Zucker
450 g Emmervollkornmehl
(alternativ Weizenmehl

Type 550)
100 g Buttermilch
3 EL Olivenöl
1 TL Sesamsamen

1 TL Schwarzkümmelsamen
Salz

---

1. Aus 200 ml lauwarmem Wasser, Hefe, Zucker, 50 g Emmermehl und 1 TL Salz einen Vorteig anrühren und etwa 10 Minuten gehen lassen. Restliches Mehl, 80 g Buttermilch und 2 EL Olivenöl zugeben und alles zu einem homogenen Teig vermischen. Den Teig 3–4 Minuten kräftig kneten, dann in eine Schüssel geben, mit Mehl bestäuben und mindestens 2 Stunden gehen lassen.

2. Den Backofen auf 200 °C vorheizen und ein Backblech mit Backpapier belegen. Den Teig nach Belieben zu einem oder zwei Fladen formen und auf das Blech legen. Die übrige Buttermilch mit dem restlichen Öl mischen, mit einem Pinsel auf den Teig streichen. Die Sesam- und Schwarzkümmelsamen darüberstreuen und im heißen Ofen in 20–25 Minuten goldbraun backen.

### BAGUETTE-VARIANTE

Für 1 großes oder 2 kleine Baguettes einen Vorteig aus 50 ml lauwarmem Wasser, 50 g Mehl, 15 g Hefe, 1 TL Zucker und 1 TL Salz anrühren und etwa 10 Minuten gehen lassen. Dann 200 g Mehl und gut 100 ml lauwarmes Wasser zugeben und alles zu einem homogenen Teig mischen, 3–4 Minuten kräftig kneten. In eine Schüssel geben, mit Mehl bestäuben und mindestens 1 Stunde gehen lassen. Den gegangenen Teig mit etwas Mehl kräftig durchkneten und zu 1 bzw. 2 länglichen Rollen formen. Diese auf ein mit Backpapier belegtes Blech geben, an der Oberfläche mehrmals schräg einschneiden und erneut 30 Minuten gehen lassen. Im vorgeheizten Ofen bei 220 °C ungefähr 20 Minuten backen.

# Roggen
## Secale cereale

gehört zur Familie der **SÜSSGRÄSER** | **GESCHMACK:** kräftig, würzig und aromatisch

 **HERKUNFT, ANBAU UND NUTZUNG**

❧ ursprünglich aus Vorderasien, kam über Südrussland nach Mittel- und Nordeuropa

❧ wird heute in Polen und nordischen Ländern angebaut, fast ausschließlich als Winterroggen

❧ spielt heute eine untergeordnete Rolle im weltweiten Getreideanbau

❧ vor allem als Tierfutter, nachwachsender Rohstoff, in Kosmetika und als Nahrungs- und Genussmittel genutzt

##  Tolles Korn

Roggen ist eine alte Getreideart, die oft als Unkraut betrachtet wurde. Am meisten wird er in Nordosteuropa verzehrt, und zwar fast ausschließlich als Brot. Er macht Brot dunkler, dichter (weniger Poren), aromatischer sowie länger haltbar. Roggen ist nährstoffreich und hat einen hohen Anteil essenzieller Aminosäuren. Das Getreide Triticale – gekreuzt aus Triticale triticum (Weizen) und Secale (Roggen) – vereint die positiven Eigenschaften beider Getreidearten in einer, z. B. den hohen Eiweißgehalt des Weizens mit dem Lysin-Reichtum des Roggens. Triticale gibt es als ganze Körner, geschrotet, gekeimt, gemahlen und als Flocken.

##  AUF DEN TELLERN DER WELT

❧ Pumpernickel (Vollkornbrot aus Roggenschrot, Deutschland, Westfalen)
❧ Kalakukko („Fischhahn", ein in Roggenbrot gebackener ganzer Fisch, Finnland)
❧ Knäckebrot (Schweden)
❧ Schüttelbrot (Südtirol)

# 🍳 Körner und ihre Verwendung

Mehl, Flocken, Schrot, Grieß, Alkohol (Korn, Wodka, Bier und Whiskey) – in diesen Formen wird Roggen zum Verkauf angeboten:

❧ Schrot – vor allem die Finnen essen ihren Porridge, sie nennen ihn puuro, aus Roggenschrot.

❧ Mehl – wer Brot aus Roggenmehl backen möchte, kommt kaum an Sauerteig vorbei. Dieses Backtriebmittel mit Milchsäurebakterien und Hefepilzen macht Roggenmehl erst richtig backfähig: Es führt dem Roggenmehl die benötigte Säure zu und sorgt dafür, dass das Roggenbrot schön aufgeht.

### ℹ WIE INTERESSANT

Anfang des 20. Jahrhunderts waren Roggenanleihen (rye loans) und der Handel mit Roggen auf dem Weltmarkt sehr verbreitet. 1922 wurde sogar eine Roggenrentenbank gegründet, mit deren Hilfe man landwirtschaftliche Grundstücke durch die Aufnahme von Roggen- und Feingoldhypotheken finanzieren konnte.

## 💡 WISSENSECKE

Aus Getreide kann man leckere Sprossen ziehen. Man muss nur ein paar Dinge beachten und schon sprießt es auf der Fensterbank. Besonders wichtig ist die Hygiene. Vor dem Keimen also das Saatgut gut waschen. Roggen- oder Weizensamen für etwa 12 Stunden in Wasser ein- weichen. Danach abgießen und in ein Sprossenglas, eine Sprossenschale oder einfach ein großes Schraubglas mit mehreren Löchern füllen. Das Glas täglich mit kaltem Wasser befüllen, verschließen, schwenken und abgießen, gut abtropfen lassen (je nach Glas evtl. schräg stellen). Nach 2–4 Tagen sind die Sprossen fertig. Du solltest sie nicht lang aufbewahren (maximal 2 Tage im Kühlschrank) und vor dem Verzehr gründlich waschen. Übrigens: Sprossen kann man auch aus Hülsenfrüchten ziehen. Diese müssen allerdings vor dem Verzehr immer erhitzt werden.

# Chia-Eiweiß-Brot

## glutenfreie Alternative

---

 **ZUBEREITUNG:** 15 Min. + 50 Min. Backzeit  |   **FÜR 1 BROT** (Kastenform mit ca. 30 cm Länge)

---

**ZUTATEN**

50 g gemahlene Chiasamen
200 g Reismehl
200 g rotes Linsenmehl

(ersatzweise
Kichererbsenmehl)
50 g Sonnenblumenkerne

1 Päckchen
Weinstein-Backpulver

---

1. Die Chiasamen in etwa 200 ml Wasser geben, dabei gut rühren, damit sich keine Klümpchen bilden. Kurz quellen lassen, dann noch einmal gut durchrühren und weitere 5 Minuten quellen lassen.

2. Den Backofen auf 220 °C vorheizen und die Kastenform mit einem befeuchteten Backpapier auslegen. Das Chiagel mit Reismehl, Linsenmehl, Sonnenblumenkernen, 250 ml Wasser und dem Backpulver zu einem homogenen Teig vermischen, in die Form geben und kurz ruhen lassen. Die Form in den heißen Ofen (Mitte) geben und 40–50 Minuten backen, bis das Brot eine schöne Kruste hat.

**EIWEISSINFO**

Die Zugabe von Sonnenblumenkernen erhöht die biologische Wertigkeit des Linsen-Eiweißes. Es wird auf diese Weise für unseren Körper noch besser verwertbar.

# Polenta-Mandel-Kuchen

## zitronig, saftig, würzig

 **ZUBEREITUNG:** 20 Min. + 45 Min. Backzeit | **FÜR 12 STÜCKE**

**ZUTATEN**

- 100 g weiche Butter
- 3 Eier (Größe M)
- 150 g Zucker
- 2 EL Vanillezucker

- 100 g Joghurt
- 150 g Maismehl
- 50 g Polenta
- 150 g gemahlene Mandeln

- ¼ TL Kardamom
- 2 Bio-Zitronen
- Salz
- Puderzucker, nach Belieben

1. Den Backofen auf 180 °C vorheizen und eine Springform mit etwas Butter einfetten. Die Eier trennen, Eiweiße mit 1 Prise Salz steif schlagen. Die Butter mit Zucker und Vanillezucker cremig rühren. Joghurt und Eigelbe hinzugeben und unterrühren. In einer weiteren Schüssel Maismehl, Polenta, gemahlene Mandeln und Kardamom mischen.

2. Eine Zitrone heiß waschen, abtrocknen, die Schale fein abreiben und zur Butter-Zucker-Masse geben. Die Mehlmischung ebenfalls hinzufügen und alles zu einem glatten Teig verrühren. Eischnee vorsichtig unterheben. Den Teig in die gefettete Form geben, glatt streichen und im heißen Ofen (Mitte) 40–45 Minuten goldgelb backen.

3. Inzwischen beide Zitronen auspressen. Den noch heißen Kuchen mit dem Saft beträufeln und vollständig abkühlen lassen. Nach Belieben mit Puderzucker bestäubt servieren.

**GEFÜLLTE VARIANTEN**

Für die Experimentierfreudigen unter euch habe ich noch zwei Tipps auf Lager: Nach dem Backen den Kuchen komplett auskühlen lassen, einmal waagerecht halbieren und den unteren Boden mit Kirschmarmelade bestreichen. Dann wieder zusammensetzen und mit Puderzucker bestreut servieren. Oder du verwendest statt Zitronenschale und -saft Schale und Saft von 2 Bio-Orangen und füllst den Kuchen dann mit leckerer englischer Orangenmarmelade. Schmeckt very british!

# Schokowaffeln

## für Schokofans

 **ZUBEREITUNG:** 15 Min. + ca. 25 Min. Ausbacken  |  **FÜR CA. 8 WAFFELN**

**ZUTATEN**

1 EL Chiasamen
70 g Butter
100 g Rohrohrzucker
2 Eier (Größe M)
200 g Buchweizenmehl

50 g Buchweizenflocken
(ersatzweise feine
Haferflocken)
20 g Kakaopulver
1 TL Weinstein-Backpulver

350 ml Milch
Salz
Fett für das Waffeleisen
Puderzucker, nach Belieben

1. Die Chiasamen in 6 EL Wasser geben, dabei gut rühren, damit sich keine Klümpchen bilden. Kurz quellen lassen, dann noch einmal gut durchrühren und weitere 5 Minuten quellen lassen.

2. Inzwischen Butter und Zucker mit den Quirlen des Handrührgeräts cremig rühren, die Eier dazugeben und unterrühren. Das Chiagel einrühren. In einer separaten Schüssel das Mehl mit den Flocken, Kakaopulver, Backpulver und Salz mischen. Die Mehlmischung abwechselnd mit der Milch unter die Eiermasse rühren und kurz quellen lassen.

3. Das Waffeleisen einfetten und heiß werden lassen. Aus dem Teig etwa 8 Waffeln backen. Dafür pro Waffel 2–3 EL Teig auf die Unterseite des Waffeleisens geben und geschlossen in 3–4 Minuten goldbraun backen. Nach Belieben mit Puderzucker bestäuben und servieren.

### KOKOS- ODER KASTANIENVARIANTE

Statt der Buchweizenflocken Kokos- oder auch mal Kastanienmehl verwenden.

# Pistazien-Tarte

## mit Feigen und Orangen

 **ZUBEREITUNG:** 20 Min. + 1 Std. Ruhen + 35 Min. Backzeit | ⊞ **FÜR EINE TARTE-FORM** mit 26 cm Ø

**ZUTATEN**

100 g Hirsemehl
80 g Amarantmehl
70 g Mandelmehl
2 TL Xanthan Gum
150 g kalte Butter
50 g Zucker

70 g Mandelmus
  oder Butter
1 Päckchen Vanillezucker
20 g Rohrohrzucker
50 g Buttermilch
2 Eier (Größe M)

100 g Pistazien, gemahlen
  (ersatzweise Mandeln)
1 große Bio-Orange
3 frische Feigen
Salz

1. Für den Mürbeteig das Hirsemehl mit Amarantmehl, Mandelmehl, Xanthan Gum und 1 Prise Salz in einer Schüssel mischen. Die kalte Butter in Stückchen teilen, dann mit Zucker und 2–3 EL Wasser zur Mehlmischung geben und alles zügig mit den Händen oder den Knethaken des Handrührgeräts zu einem glatten Teig verarbeiten. Den Teig zu einer flachen Scheibe formen, in Frischhaltefolie wickeln und mindestens 1 Stunde im Kühlschrank ruhen lassen.

2. Für die Füllung das Mandelmus mit Vanillezucker, Rohrohrzucker und Buttermilch verrühren, die Eier unterziehen und die gemahlenen Pistazien unterheben. Von der Orange die Schale und die weiße Haut entfernen und das Fruchtfleisch in dünne Scheiben schneiden. Feigen waschen und ebenfalls in dünne Scheiben schneiden.

3. Den Backofen auf 200 °C vorheizen und eine Tarte-Form einfetten. Den Teig auf einer bemehlten Arbeitsfläche etwas größer als die Form dünn ausrollen. In die Form legen, dabei den Rand hochziehen. Die Pistazienmasse auf den Teig geben und die Fruchtscheiben darauf verteilen. Die Tarte im heißen Ofen (Mitte) etwa 35 Minuten backen, bis die Oberfläche goldbraun ist. Vor dem Servieren abkühlen lassen.

### PISTAZIENINFO

Wer keinen leistungsfähigen Mixer hat, kann anstelle der Pistazien auch fertiges Pistazienmus nehmen und es mit der Buttermilch mischen.

### KLEIN-ABER-FEIN-TIPP

Wer keine Tarte-Form hat, kann die Tarte auch in einer Springform backen – oder mit Hilfe von kleinen Förmchen Tartelettes zubereiten.

### DEKO-TIPP

Ganz besonders schön: Nach dem Backen auf die Fruchtscheiben noch glatt gerührte, leicht erwärmte Orangenmarmelade streichen und ein paar gehackte Pistazien darüberstreuen.

# Weizen
## Triticum spp.

gehört zur Familie der **SÜSSGRÄSER** | **GESCHMACK:** mild-aromatisch bis neutral

 **HERKUNFT, ANBAU UND NUTZUNG**

❧ ursprünglich aus dem Vorderen Orient, über Südwestasien nach Mitteleuropa gekommen

❧ angebaut werden heute fast weltweit die unterschiedlichsten Arten: Hartweizen bzw. Durumweizen, Weichweizen, Einkorn, Emmer, Kamut. Der mit Abstand größte Erzeuger ist China.

❧ wird als Nahrungsgetreide von Indien bis zum Atlantik genutzt und ist in unserer Kultur als Grundnahrungsmittel schlechthin nicht mehr wegzudenken. Mehr als die Hälfte der Weizenproduktion wird als Tierfutter verwendet.

 ## Tolles Korn

Einkorn, das Urgetreide, auch Steinzeitweizen genannt, Emmer und Dinkel sind die Vorfahren des Weizens. Neben diesen Urgetreidesorten existieren vor allem Weichweizen und Hartweizen, wobei nur etwa 10 % der Anbaumenge auf den Hartweizen entfallen. Der Durumweizen, wie er auch genannt wird, ist mit seinem höheren Proteingehalt vor allem für Teigwaren, Pasta, Bulgur und Couscous geeignet. Weichweizen dagegen ist das klassische Brot- und Mehlgetreide in unserer Welt. Aus dem Vorderen Orient und Ägypten stammt eine alte Weizensorte, Khorasan-Weizen, die in Deutschland nur in biologischem Anbau existiert: Kamut. Das Kamutkorn ist etwa doppelt so groß wie ein typisches Weichweizenkorn und enthält viel Eiweiß, Vitamine und Mineralstoffe. Brote aus Kamutmehl halten lange frisch.

## 🍽 AUF DEN TELLERN DER WELT

❧ Weizen- bzw. Weißbier (Bayern)
❧ Grießschnitten (Deutschland)
❧ Grießnockerl (Bayern, Österreich)
❧ Pasta aller Art (Italien)

❧ Tabouleh (Arabien)
❧ Naan (Fladenbrot, Indien)
❧ Baguette (Frankreich)
❧ ... und viele Spezialitäten mehr

# Körner und ihre Verwendung

Mehl, ganze Körner, Flocken, Keime, Grieß, Schrot, Kleie, Puffweizen, Bulgur, Couscous, Freekeh, Seitan (Fleischersatzprodukt), Weizengras, Weizenkeimöl, Alkohol (Korn), Stärke – in diesen Formen ist Weizen verbreitet:

❧ Bulgur – die klassische Beilage und Zutat für Bratlinge hat einen mild-nussigen Geschmack und wird aus geschältem, geschrotetem und gekochtem Hartweizen hergestellt. Traditionell wird Tabouleh daraus zubereitet.

❧ Couscous – eine Mischung aus (Hartweizen-)Grieß und Mehl, die angefeuchtet, gepresst und gerollt wird. In der nordafrikanischen Küche wird Couscous traditionell gedämpft und als Nationalgericht oder Beilage gegessen.

❧ Freekeh – vergleichbar dem Grünkern, der aus Dinkel hergestellt wird (siehe Seite 47), wird Freekeh aus grünem, unreifem Hartweizen gemacht. Vor allem im Mittleren Osten ist es eine beliebte Beilage und Grundlage landestypischer Spezialitäten.

---

**ⓘ WIE INTERESSANT**

Der seit dem 19./20. Jahrhundert vor allem im Sommer getragene „Florentiner Hut" wurde in seiner Originalform aus Weizenstroh hergestellt. Dieser flache und besonders breit- krempige Strohhut für Damen wird dezent mit Chiffon- oder Seidenbändern, manchmal auch mit Blüten geschmückt.

---

## 💡 WISSENSECKE

Getreide und seine Erzeugnisse sind allgemein im Lebens- mitteleinzelhandel erhältlich. Auch Arten wie Amarant und Quinoa haben mittlerweile Einzug in vielen Supermärkten gehalten. Wer jedoch spezielle Produkte sucht oder beispiels- weise auf Nachhaltigkeit Wert legen möchte, findet in Bio-Läden oder Reformhäusern ein großes Angebot. Sinnvoll ist es zudem, auf regionale Produkte zu achten. Manchmal sind spezielle Mehle vielleicht nicht erhältlich, doch das ganze Korn ist verfügbar. Dann kannst du oft gegen eine geringe Gebühr das Mehl nach deinen Wünschen und dem eigenen Bedarf in Bio-Läden und Reformhäusern mahlen lassen.

# Nussiger Dinkelkuchen

## mit Blaubeeren und Ingwerstreuseln

---

 **ZUBEREITUNG:** 20 Min. + 40 Min. Backzeit |  **FÜR 1 BLECH**

---

**ZUTATEN**

300 g weiche Butter
200 g Rohrohrzucker
450 g Dinkelmehl (Type 1050)
150 g Haselnuss-
    kerne, gemahlen
50 g feine Haferflocken

30 g kandierter Ingwer,
    fein gehackt
500 g Blaubeeren (frisch
    oder TK)
50 g Ahornsirup
4 Eier (Größe M)

100 g Ricotta
50 g Mandeln, gehackt
1 Päckchen Weinstein-
    Backpulver
Salz

---

1. Für die Streusel 80 g Butter mit 50 g Zucker, 100 g Mehl, 50 g gemahlenen Haselnusskernen, den Haferflocken, dem kandierten Ingwer und
   1 Prise Salz verkneten. Bis zur weiteren Verwendung im Kühlschrank
   aufbewahren. Die Beeren verlesen, waschen und abtropfen lassen.

2. Den Backofen auf 180 °C vorheizen und ein Backblech mit Backpapier
   belegen. Die restliche Butter mit dem übrigen Zucker cremig rühren
   und den Ahornsirup einrühren. Die Eier einzeln und im Wechsel mit dem
   Ricotta dazufügen und untermischen. Nun das restliche Mehl, übrige
   Nüsse, Mandeln und Backpulver unterheben.

3. Den Teig auf dem Blech verteilen, glatt streichen und mit den Beeren
   belegen. Die Streusel darauf verteilen und den Kuchen im heißen Ofen
   (Mitte) in etwa 40 Minuten goldbraun backen.

# Avocado-Käse-Kuchen

## mit Himbeeren

---

🕐 **ZUBEREITUNG:** 40 Min. + 45 Min. Backzeit | 🍴 **FÜR 12 STÜCKE** (Springform mit 26 cm Ø)

---

**ZUTATEN**

| | | |
|---|---|---|
| 50 g Quinoamehl | 3 EL Zucker | 100 g weiße Schokolade |
| 40 g Hirsemehl | 4 Eier (Größe M) | 150 g Schmand |
| 50 g Maisstärke | 500 g Magerquark | ½ TL Vanillemark |
| 2 TL Xanthan Gum | 2 Avocados | 300 g Himbeeren |
| 50 ml Zitronen-Olivenöl | 3 EL Zitronensaft | |

---

**1.** Für den Teig Quinoamehl, Hirsemehl und Maisstärke mit Xanthan, Öl, Zucker, 1 Ei und etwas Wasser zu einem homogenen Teig kneten. Den Teig anschließend in Folie wickeln und bis zur weiteren Verwendung im Kühlschrank ruhen lassen.

**2.** Inzwischen den Quark in einem feinmaschigen Sieb abtropfen lassen. Die Avocados halbieren, den Kern entfernen und das Fruchtfleisch aus der Schale löffeln. Mit einer Gabel zusammen mit dem Zitronensaft zu feinem Mus zerdrücken. Von der Schokolade etwas für die Deko abraspeln und beiseitelegen. Die restliche Schokolade über einem heißen Wasserbad schmelzen. Mit Quark, Schmand, restlichen Eiern, Vanillemark und Avocadomus glatt rühren.

**3.** Den Backofen auf 200 °C vorheizen. Den Teig dünn ausrollen und in eine mit Backpapier ausgelegte Springform geben, dabei einen Rand hochziehen. Die Avocado-Quark-Masse auf dem Teig verteilen und den Kuchen im heißen Ofen in 40–45 Minuten goldbraun backen, dann herausnehmen und völlig auskühlen lassen.

**4.** In der Zwischenzeit die Himbeeren verlesen, waschen und gut abtropfen lassen. Den ausgekühlten Kuchen damit belegen und die Schokoladenraspel darüberstreuen.

**TAUSCHIDEE**

Wenn du kein Zitronen-Olivenöl zu Hause hast, kannst du auch einfach ein neutrales Olivenöl und dazu ½–1 TL frisch geriebene Schale einer Bio-Zitrone verwenden.

# GLOSSAR

**AGAR-AGAR (E 406)** – vegetarischer Ersatz für Gelatine, aus Rotalgen. Es ist in Pulverform erhältlich und muss zunächst in etwas Flüssigkeit aufgelöst werden, bevor es unter die zu gelierende Masse gerührt wird.

**AJVAR** – ein Mus aus Paprikaschoten, das als Würzpaste und Brotaufstrich verwendet wird und ursprünglich vom Balkan stammt. Auch als Beigabe zu diversen Fleischgerichten schmeckt dieser sogenannte Gemüsekaviar sehr gut.

**BERBERITZEN** – kleine rote Beeren mit einem hohem Vitamin-C-Gehalt, die leicht säuerlich schmecken und getrocknet oftmals in der persischen Küche zum Verfeinern von Speisen verwendet werden. Die Pflanze ist bei uns als Zierstrauch in Gärten und Grünanlagen verbreitet.

**BOCKSHORNKLEE** – kleine Samen und Blätter eines Schmetterlingsblütlers, die zum Würzen von Speisen vor allem in der indischen Küche eingesetzt werden. Auch in der nordafrikanischen, spanischen und norditalienischen Küche findet er seine Verwendung. Bockshornklee hat einen intensiven Geschmack und gehört in Currymischungen. Daneben können aus seinen Samen aromatische Sprossen gezüchtet werden. In der Pflanzenheilkunde gilt Bockshornklee als kräftigendes und die Abwehrkräfte stärkendes Heilmittel.

**EDAMAME** – noch nicht ganz reif geerntete Sojabohnen, von denen nur die Bohnenkerne und nicht die Schoten verzehrt werden. Die „Bohnen am Zweig" sind in der japanischen Küche beheimatet und werden oft als Beilage oder Snack verzehrt. Sie werden in kochendem Wasser gegart und nur leicht mit Meersalz oder anderen Gewürzen verfeinert. Edamame sind sehr eiweiß- und vitaminreich und können, meist tiefgekühlt, in Asia-Läden oder auch online gekauft werden.

**KOKOSÖL** – aus Kopra, dem Fruchtfleisch der Kokosnuss, gewonnenes natives Pflanzenöl, das bei Zimmertemperatur fest und weißlich, im Sommer meist ölig bis flüssig ist. Unbedingt in hochwertigem, nicht raffiniertem Zustand verwenden, denn nur so sind die wertvollen Inhaltsstoffe (gesättigte, mittelkettige Fettsäuren – leicht verdaulich, antimikrobiell und kalorienärmer als andere Fette) enthalten.

KURKUMA – auch Gelbwurz genannt, ist wesentlicher Bestandteil von Currypulver. Sie zählt zur Familie der Ingwergewächse und wird frisch oder getrocknet als Gewürz oder Farbstoff (Kurkumin, E 100) verwendet. Vor allem die frische Wurzel (eigentlich das Rhizom) verleiht Speisen einen wunderbaren Duft und wirkt zudem auch verdauungsanregend. In der asiatischen Medizin wird Kurkuma auch als wertvolles Heilmittel eingesetzt.

NUSSMUSE – aus allen erdenklichen Nüssen und Kernen, z. B. Mandeln, Cashewkernen und Erdnüssen hergestellt und in unzähligen Sorten und Ausführungen angeboten. Die meisten Muse sind Nuss pur, andere werden mit Gewürzen, Zucker und/oder Milchpulver verfeinert. Ebenso vielfältig sind ihre Anwendungsbereiche: Nussmuse spielen als Brotaufstrich eine wichtige Rolle und in der vegetarischen und veganen Küche sind sie auch zum Verfeinern von Süßem und Herzhaftem beliebt.

PUL BIBER – getrocknete und grob geschrotete Gewürzpaprikas, die manchmal mit Gewürzen und/oder Salz vermischt als Würzmischung angeboten werden. Pul Biber gibt es in vielen Schärfegraden, von mild bis scharf. Du findest es vor allem in türkischen Lebensmittelläden.

GERÖSTETES SESAMÖL – dunkles Würzöl mit intensivem nussig-würzigem Geschmack. Es wird aus gerösteten und gepressten Sesamsamen hergestellt und oft in der asiatischen Küche verwendet.

WEINSTEIN-BACKPULVER – Backpulver besteht immer aus Backtrieb-, Säuerungs- und Trennmittel. Ersteres ist immer Natron (Natriumhydrogencarbonat), als Trennmittel fungiert hauptsächlich Stärke. Der Unterschied zwischen einem herkömmlichem Backpulver und dem Weinstein-Backpulver liegt im Säuerungsmittel: Beim herkömmlichen Backpulver ist es Phosphat, beim Weinstein-Backpulver die natürliche Weinsteinsäure.

XANTHAN GUM (E 415) – ein beliebtes, vielseitig einsetzbares Bindemittel, das beim Backen für hohe Elastizität sorgt und Flüssiges gut bindet. Die verwendete Menge ist sehr gering und du solltest dich genau an die Empfehlungen halten, da ein Zuviel an Xanthan Gum dein Brot oder Gebäck gummiartig werden lässt.

# REGISTER

# ÜBER DIE AUTORIN

Gesund, lecker, abwechslungsreich und farbenfroh – so charakterisiert Dagmar Reichel ihre Vorstellung von bewusster Ernährung. Die Ökotrophologin, Autorin und Foodstylistin widmet sich vor allem Themen rund um Genuss, Ernährung und Gesundheit. In ihren Büchern verbindet sie die Liebe zu gutem Essen aus frischen, natürlichen Zutaten mit der Kunst, sich gesund zu ernähren. Mit ihrem Mann und ihren Kindern – die (fast) alles essen, was auf den Tisch kommt – lebt sie in Freiburg im Breisgau.

# DANKE

Mein besonderer Dank in diesem Buch gilt – wieder einmal – meiner Familie und meinen Freunden, die mich in meiner Arbeit unterstützen, mir den Rücken freihalten und bereitwillig die unzähligen probegekochten Rezepte bewerten und genießen. Es ist mir eine Herzensangelegenheit, meine Leser in ihrem wachsenden Bedürfnis nach einer bewussten, gesunden und zugleich entspannten Lebensweise zu unterstützen und sie mit einigen wissenswerten Fakten über unsere Lebensmittel und ihre Zubereitung vertraut zu machen. Deswegen widme ich dieses Buch all denen, die sich für Ernährung interessieren, mich mit Fragen löchern und mich in meinem Tun bestätigen.

# ÜBER DIE FOTOGRAFIN

Sabrina Sue Daniels arbeitet als Fotografin und Foodstylistin. Auf ihrem Blog **www.sabrinasue.de** und in ihren Büchern „Supersnacks & Powerfood", „Mittagsglück im Glas" und „Glutenfrei backen" (ebenfalls im EMF-Verlag erschienen) zeigt sie neben vegetarischen auch vegane Leckereien, glutenfreie Kompositionen und weitere Köstlichkeiten, die Lust auf mehr machen und zum Experimentieren einladen.

# NOCH MEHR TOLLE BÜCHER

### SUPERSÄFTE & DETOXDRINKS

Smoothies, Säfte, Infused Water und andere Powerdrinks

144 Seiten, 20 x 23,5 cm
ISBN: 978-3-86355-475-0
14,99 €

### SUPERSNACKS & POWERFOOD

Gesunde Rezepte für Frühstück, Lunchbox und Zwischendurch

144 Seiten, 20 x 23,5 cm
ISBN: 978-3-86355-476-7
14,99 €

# IMPRESSUM

Bibliografische Information der Deutschen Bibliothek.

Die Deutsche Bibliothek verzeichnet diese Publikation in der deutschen Nationalbibliografie. Detaillierte bibliografische Daten sind im Internet über http://www.d-nb.de/ abrufbar.

Die im Buch veröffentlichten Aussagen und Ratschläge wurden von Verfasserin und Verlag sorgfältig erarbeitet und geprüft. Eine Garantie für das Gelingen kann jedoch nicht übernommen werden, ebenso ist die Haftung der Verfasserin bzw. des Verlags und seiner Beauftragten für Personen-, Sach- und Vermögensschäden ausgeschlossen.

Die in diesem Buch enthaltenen Informationen, Anregungen und Ratschläge stellen die Meinung und Erfahrung der Autorin dar, basierend auf dem aktuellen Stand wissenschaftlicher Erkenntnisse. Sie wurden von der Verfasserin nach bestem Wissen und mit größter Sorgfalt recherchiert. Dennoch erfolgen alle Angaben ohne Gewähr und es kann keine Garantie übernommen werden. Das Buch kann eine persönliche Beratung oder kompetenten medizinischen Rat nicht ersetzen. Weder Autorin noch Verlag können für eventuelle Schäden oder Nachteile, die sich aus den im Buch enthaltenen Hinweisen ergeben, eine Haftung übernehmen. Jeder Leser und jede Leserin ist nach wie vor für das eigene Tun selbst verantwortlich

EIN BUCH DER EDITION MICHAEL FISCHER

1. Auflage 2017

© 2017 Edition Michael Fischer GmbH, Igling

Covergestaltung: Michaela Zander
Redaktion und Lektorat: Elke Sagenschneider Texte und Projekte, München
Fotos: Sabrina Sue Daniels, Frankfurt
Produktmanagement: Natascha Mössbauer
Layout und Satz: Michaela Zander

ISBN 978-3-86355-684-6

Printed in Slovakia

www.emf-verlag.de